ESIS'l

SABRINA MORI

Crediti fotografici per le fotografie in copertina:
omycotton.com/
https://www.pexels.com/@cottonbro

DEDICA

Ai miei lettori, i quali hanno risvegliato in me il dolce piacere
della scrittura.

Sommario

ESISTERE

RINGRAZIAMENTI

Un ringraziamento sentito a mio padre, il quale mi ha accompagnata in questo percorso d'introspezione e mi ha piacevolmente stupita rivelando un'indole lirica e ermetica insospettabile per un uomo dall'accentuata introversione.

Grazie a Salvatore per il continuo incoraggiamento, per la sua amicizia e per il rinnovato entusiasmo nel leggere i miei scritti.

Ai miei lettori, i quali hanno risvegliato in me il dolce piacere della scrittura.

ESISTERE

Liberami da questo sensibile cuore
il cui pulsare
m'inabissa nel sentimento.

*U*n giorno mi dissero: ciò che scrivi è meglio di ciò che sei.

Non risposi.

Non sono mai stata brava ad esprimere le mie emozioni a voce, spesso impugno una penna e lascio che sia l'inchiostro dei pensieri a parlare per me.

Occorrerebbe un taccuino per ogni occasione, per ogni persona.

Uno per la migliore amica perduta, per dirle quante lacrime hanno conosciuto i miei occhi quando ci siamo allontanate, per raccontarle che mi si spezza la voce non appena cerco di riprendere in mano il dialogo, finendo così col chiudermi in me stessa.

Uno per il mio migliore amico, per descrivere la sua purezza d'animo e quanto tenga a lui.

Uno per convincermi che la vita vissuta al singolare

sia sentimentalmente incompleta, sebbene non debba esistere storia d'amore più grande di quella con noi stessi.

Uno per gli amori perduti.

Uno per le delusioni sentimentali.

Uno per descrivere l'importanza dell'essere e non dell'apparire, in una società dalla moltitudine di maschere e pochi volti.

Uno per la famiglia.

Uno per le parole inespresse.

Infine, uno per le parole perdute: "mi manchi", "ti voglio bene", "ti amo", "ti odio", "ascoltami", "ignorami", "aspettami", "dimenticami".

Questa sono io: la linea di mezzo tra il tutto e il nulla.

Un'esplosione d'inchiostro nero sul bianco d'un foglio che inghiotte ogni emozione.

01

L'ESSERE

01

Le nostre case come nidi
Sostengo all'intricato destino
Dal sentimento spoglio.

I nostri volti come mappe,
Molteplici percorsi
Per una meta univoca.

Da tempo immemore il dibattito tra essere o non essere è fiamma che difficilmente si spegne. Spunto di riflessione per filosofi e pensatori freelance, così come fonte d'ispirazione letteraria e artistica, questo dilemma cela in sé l'innato bisogno di conoscere i misteri dell'esistenza.

L'essere umano, attento osservatore e interprete del mondo circostante, non accontentandosi delle nozioni visive, ricerca con curiosità e bramosia la formula per "essere", vista come una paradisiaca oasi di conoscenza nel bel mezzo del deserto dell'ignoto.

Dal canto mio, per "Essere" intendo la somma di

tutto ciò che, seppur impercettibile, dà vita all'individuo e lo differenzia dal resto della società: principi morali, valori, aspirazioni, emozioni, sentimenti, desideri, temperamento, personalità, comportamenti...

L'Essere è incorporeo, indistruttibile ed eterno.

La società moderna, improntata sull'apparire, vive con particolare trasporto l'atavico dilemma tra essere o non essere, includendo ora la componente de: "l'avere".

L'essere umano, coscienzioso testimone e interprete del mondo a sé circostante, si ritrova a dover affrontare la discordanza tra essere e apparire.

Dall'antagonismo tra tesi e antitesi, essere e avere, nascono due differenti forme di affermazione personale.

"Essere o apparire?" Questo il principale dilemma dell'uomo moderno. "Essere" equivale ad avere integrità morale e cognizione di sé; "apparire", al contrario, è un'utile maschera indossata in svariati contesti sociali allo scopo di raffigurare un determinato rango ed esserne conformi sul piano del vestiario ed economico.

La differenza sostanziale tra le due opzioni è che mentre "l'essere" sia frutto di un impegnativo percorso introspettivo di conoscenza di sé, il cui risultato è reso manifesto tramite il proprio modo di pensare ed agire; "l'apparire", al contrario, è di più semplice realizzazione e di immediata lettura, in quanto rappresenta una "realtà" immediata, universalmente compresa.

Prendiamo come esempio un colloquio di lavoro per un posto manageriale. All'intervista si presentano due candidati: uno coi capelli laccati, giacca, cravatta e scarpe di cuoio nero; l'altro spettinato, vestito con camicia bianca, jeans, cintura di pelle marrone e scarpe da ginnastica. Sebbene le qualità di un buon manager vadano oltre l'aspetto esteriore e siano riguardanti la capacità gestionale, organizzativa, analitica e comunicativa, le statistiche mostrano che un candidato di bell'aspetto abbia maggiore probabilità di assunzione rispetto a chi da secondaria importanza all'apparire.

Rassicurando che ciò non sia la regola, l'esito di questa riflessione esplica a chiare lettere quanto, in determinati contesti sociali, l'apparenza influenzi la propria immagine agli occhi degli altri.

Non può tuttavia esistere errore più grande.

Chi non riflette sull'essenza di un individuo, oltre la sua esteriorità, è come se di una arancia se ne osservasse e ammirasse solamente la buccia. Il suo essere, in realtà, è raccolto in potenza nel seme, e proprio grazie ad esso quel frutto è ciò che è.

Siamo energia fatta materia, la quale viene sottoposta a un giudizio immediato.

Attraverso l'Essere, l'intima natura di ciascun individuo, si esprimono l'identità personale e la propria morale; mentre l'apparenza è la trasposizione sul piano visivo unicamente di alcune parti del sé e non può considerarsi la rappresentazione ultima dell'Essere, nonostante essa possa fungere da forma di comunicazione codificata.

Il dilemma tra "essere" e "apparire", da sempre vivo in me, plasma il mio pensare e la percezione di me stessa.

Se potessi scegliere non avrei né viso né corpo, sarei unicamente una voce narrante di sentimenti e stati d'animo, attraverso la cui purezza verrei conosciuta.

La scrittura è soltanto una tra le molte forme di

espressione per mezzo della quale ciò può concretizzarsi.

Tuttavia, se tu che stai leggendo conosci il mio aspetto come il palmo della tua mano, vorrei che per un istante te ne dimenticassi e lasciassi che siano le mie parole ad abitare il tuo pensiero.

L'apparenza non dovrebbe essere considerata null'altro che una maschera a difesa della sensibile sostanza dell'Essere; conseguentemente, al fine di conoscere il proprio reale Io, occorre analizzare il proprio schema comportamentale e cognitivo, al fine di accedere alla profonda realtà del Sé.

Nell'attuale società dell'immagine si fa spesso riferimento a immagini idolo, figure appartenenti al mondo della pubblicità, dello spettacolo, della televisione, o della moda, le quali dettano modalità comportamentali standardizzate. In questa realtà illusoria in cui costumi e "personaggi" oscurano l'autenticità dei soggetti, i giovani si trovano a seguire un modello culturale che punta all'esteriorità maggiormente che all'essenza.

L'indossare una maschera potrebbe definirsi un atto di sottomissione, in quanto implica l'accettare e seguire schemi di comportamento prestabiliti, spesso in conflitto con la reale identità individuale, al fine di compiacere chi si ha di fronte. Codesto fenomeno all'apparenza d'irrilevante importanza, contrariamente a quanto si pensi, cela in sé la personale esigenza d'inclusione sociale. Il sentirsi accettati e legittimati all'amore che si va cercando all'esterno di sé stessi, difatti, viene considerata una tra le principali forme di affermazione del proprio valore.

Conseguentemente, la sempre crescente fame d'affetto dà così inizio al lento e progressivo studio del costume e del copione più appropriati al contesto sociale in cui ci si vuole inserire, mentre silenziosamente lo spirito freme nel desiderio di una più trasparente libertà d'espressione.

Tuttavia, all'ultimo atto della recita, in seguito al continuo stato di tensione cui ci si è sottoposti, non di rado la maschera si spezza lasciando che il reale sé risplenda attraverso le crepe, in tutta la sua timida potenza.

L'apparenza, nella società moderna, ha senza ombra di dubbio assunto il valore di status symbol: mostrando prestazioni, aspetti e/o qualità personali in linea con un determinato gruppo sociale, l'atavica sensazione di esclusione e solitudine che segretamente attanaglia l'essere umano, viene magistralmente camuffato dando di rimando un sentire d'inclusione e comprensione.

Con l'avvento dei social network pensieri e stati d'animo si sono tradotti in immagini da rendere belle e accattivanti. L'identità individuale, di conseguenza, viene camuffata per agevolare un maggior coinvolgimento da parte dei propri "seguaci". Più si ricevono approvazioni e commenti, più il senso di adulazione e gratificazione accresce l'Ego del soggetto ritratto negli scatti fotografici.

Malgrado ciò, raramente si riflette su quale percentuale di autenticità ci sia dietro un autoscatto accompagnato da frasi motivazionali o citazioni prese da film, libri o personaggi dello spettacolo.

Ciò che si vede, in realtà, non è altro che il contenuto che l'autore dell'opera vuole mostrarci e non corrisponde necessariamente all'intenzione che l'ha originata. Il livello di conoscenza che si può trarre da questa tecnica di comunicazione è puramente di natura superficiale e termina sul piano visivo.

Esaltando unicamente un'immagine artificiosa di sé stessi si rischia di perdere l'inestimabile valenza che la personalità e il carattere rivestono nel processo di formazione dell'Essere.

Con quale frequenza verrebbero utilizzati i social network se al posto di condividere fotografie per cercare approvazione, lo si facesse per il puro intento di rendere partecipi le altre persone delle proprie esperienze di vita e pensieri?

Il dilemma tra essere o apparire è uno dei principali motivi alla base delle patologie legate ai disturbi alimentari.

Il sentimento di emarginazione sociale, il più delle volte scatenato dal mancato conseguimento di una bellezza idealizzata e/o di modelli comportamentali promossi dai media, alimenta il senso d'insoddisfazione e, nei casi estremi, di scissione dal proprio Io.

Privandosi del cibo o, al contrario, abusandone eccessivamente, l'individuo cerca disperatamente di lanciare un silente richiamo d'aiuto nel ritrovare la propria identità frammentata, così come fiducia in sé stesso e negli altri. È proprio nell'apparente intento di "voler scomparire" che quest'ultimo, in realtà, non attende altro che essere notato da chi ha abbastanza intelligenza emotiva da decifrare il messaggio che si cela dietro i suoi comportamenti.

L'uomo, essere sociale per eccellenza, al fine di vivere in armonia con il proprio Essere nella micro e macro società, necessita di sentirsi accettato, riconosciuto e amato dagli altri.

Il prendersi cura di sé stessi e l'essere autentici sono componenti fondamentali per raggiungere l'inclusione sociale cui l'individuo aspira.

Amare sé stessi è la condizione prima per riuscire a riversare quella profonda forma d'affetto verso un'altra persona.

La più alta forma d'amore verso sé stessi è indubbiamente il riconoscersi in ciò che si è, e non in ciò che si appare o si possiede.

Chi possiede ogni cosa ma non è in armonia con sé stesso, non possiede cosa alcuna. Chi, al contrario, è in pace con il proprio Io, possiede ciò che di più raro esista in questa esistenza: l'integrità dell'Essere.

Non è nell'apparire, difatti, il vero potere dell'uomo, bensì nella sua unica ed irripetibile essenza e modalità d'espressione.

Nella società contemporanea, in cui la propria immagine è il primo (e a volte più "importante") biglietto da visita, l'identità del singolo eventualmente sfuma per preferire l'emulazione di "modelli d'essere" preconfezionati. Di conseguenza, nel momento in cui la vita reale emerge dal festival delle apparenze che ci bombarda di immagini da copertina, si riscopre il piacere dell'agire spontaneamente e la semplice bellezza dell'essere ciò che si è.

Il vivere nel qui ed ora, in uno stato di felicità non esibita: questa è la forma di libertà d'espressione che dovrebbe far sentire umani.

Condividere cronache della propria vita come se si vivesse in un film d'autore non ne amplifica l'emozione; riempire la memoria del cellulare di immagini del "bacio perfetto" da pubblicare sui social network non rende quell'amore più profondo.

Nel momento in cui ci si dimentica di tutto ciò che ci circonda, dell'apparire, degli sguardi e dei giudizi altrui, godendo ogni istante in tutta la sua bellezza, si è realmente partecipi di ciò che sta accadendo nella propria esistenza.

Non sarebbe molto più semplice ed emozionante togliersi dai panni di registi o attori e semplicemente lasciare che il proprio Essere si esprima in tutte le sue infinite sfumature?

L'ESSERE

IL PESO DELL'ESSERE

Ogni giornata ha inizio con una tazzina di caffè fumante, d'un nero così profondo che a fissarlo sembra un abisso.

Il suo amaro magnetismo mi rapisce in un vortice di pensieri mentre lentamente sorseggio quello che è mia usanza chiamare "caffè filosofico".

In un battibaleno vengo trasportata al mio primo giorno di vita.

Attraverso gli occhi di mia madre osservo una paffutella bambina dal viso rubicondo fissarmi, mentre con sguardo d'apparente vissuta malinconia si libera nel suo primo pianto: scena d'apertura di quell'indifesa esistenza.

Mi sorprende vederla subito placarsi per poi

addormentarsi tra le mie braccia in un silenzio profondo.

Più il tempo scorre e più Sabrina Giuseppina fiorisce alla vita così come i fiori in primavera, sullo sfondo di un mondo in continuo mutamento. Contrariamente ai suoi coetanei, Sabrina Giuseppina non nutre minimo se non nullo interesse verso la superficialità.

È un pomeriggio di un soleggiato Ottobre, mi trovo in cucina a cucinare dei ravioli al sugo e una casseruola di verdure; Sabrina Giuseppina, appena tornata da scuola, entra con passo felpato nella stanza e siede alla tavola.

Con sguardo serio mi fissa e mi pone una domanda alquanto inusuale per una ragazzina della sua età: «Quale credi sia il significato di questa vita? Avviene su uno o più piani di esistenza?».

In quel momento vengo pervasa d'orgoglio e materno senso di protezione.

"La conoscenza ha un sapore dolceamaro", penso, mentre le parlo di filosofie orientali e mi domando cosa abbia spinto la sua mente ad indugiare in quelle domande.

Nel parlarle dell'essere e del divenire, senza dar

troppa visibilità alle ombre di questo percorso di crescita, noto la sua curiosità aumentare e un fiume di pensieri inespressi trasformarsi in parole.

D'improvviso si alza dalla sedia e con scatto felino si rifugia nella sua cameretta per uscirne un'ora dopo armata di un taccuino e determinazione.

«Voglio leggerti qualcosa che ho appena scritto» esordisce.

Lo ammetto, mi risulta difficile trattenermi dal ridere di fronte a questa immagine: un esemplare di Sabrina Giuseppina in postura perfettamente dritta ("finalmente i miei richiami hanno dato frutto", sospiro); occhiali in mano, pronti a incorniciare quegli occhi acquamarina; gamba sinistra che dondola nervosamente... Schiaritasi la voce, è pronta per affrontare il suo ristretto pubblico.

«Sii clemente, è ancora in fase di revisione» mi avverte educatamente.

"Io sono un Essere che fa del pensare l'attività preferita della giornata.

Io sono un Essere che ricerca nell'evidente una molecola di inesplorato.

Io sono un Essere che dubita degli imperativi categorici, dei comandi assoluti.

Io sono un Essere che si astiene dal giudizio se non supportato da appropriata conoscenza.

Io sono un Essere inesperto in molti ambiti ed ignaro di molte cose, alle quali guarda con la stessa curiosità e capacità di meravigliarsi di un bambino.

Io sono un Essere che al rancore sostituisce empatia e apertura al dialogo.

Io sono un Essere che ama e che nel provare sentimenti sente il fluire della vita nelle vene.

Io sono un Essere tanto simile quanto diverso da te.

Tuttavia, prima di ogni cosa, io Sono.

Ciascuno di noi È."

Dietro queste parole leggo forte e chiaro un disagio di cui lei sembra non volermene parlare, nonostante spesso la sproni nell'esprimersi.

Sono settimane ormai che la vedo nascondersi nel suo "luogo sicuro", con nello sguardo una profonda tristezza.

Il suo trucco è accentuato e la sua vita molto più stretta di quello che ricordassi.

Sembra ieri il periodo in cui la vedevo mangiare con

gusto generose porzioni di pasta e stuzzicare in dolcetti al cioccolato; il viso tondo e rubicondo, la fisicità formosa ma al contempo slanciata.

Spesso mi domando cosa accada a livello neurologico quando una delle più importanti funzioni vitali, il mangiare, viene sostituita dalla bramosia dell'adottare uno stile di vita intransigente e inclemente, improntato prima su una dieta ferrea, poi sul digiuno.

Sabrina Giuseppina era alta 1 metro e 75 centimetri prima di piegarsi al peso della sua profonda tristezza.

Non era né grassa né magra, era "giusta", così come sempre la rassicuravo quando la coglievo sul fatto di pizzicarsi la pancia.

Quando era piccola era una bimba piuttosto schizzinosa, con una particolare antipatia per le verdure ed un'esagerata simpatia per i dolci.

I costanti litigi in casa toglievano ogni suo appetito e la ammutolivano, facendo fallire ogni mio intento di farle mangiare anche solo un piatto di fagiolini e patate al vapore.

Me lo rimprovera tutt'ora come fosse ieri, quell'episodio di esasperata disperazione in cui la costrinsi a mangiarne una forchettata, mentre singhiozzava in forte disaccordo.

Spero lei un giorno capisca la disperazione di una madre nel vedere la propria figlia negare la propria esistenza.

L'intuito mi suggeriva che avrei dovuto agire in fretta affinché la malinconia non si imprimesse nella tua mente, sottraendola alle gioie della vita. Nonostante ciò, dettata dal mio egoismo, agii d'impulso, lasciandomi guidare dalla mia vista accecata dal mio sentirmi una madre imperfetta.

Crescendo aveva gradualmente riscoperto la gioia del mangiare... Quale contentezza riscaldava il mio cuore nel vederla divorare pizzette e bignè alle feste di compleanno dei suoi amici!

Era una bambina vivace e allegra, sempre piena di energia e iniziativa, intelligente e autonoma: ciò che ogni madre avrebbe mai potuto desiderare. Passava interi pomeriggi immersa nella lettura e nello studio, per poi concedersi delle meritare ore di gioco e, non di rado, qualche caduta sui cactus che avevamo in giardino.

Le sue pagelle scolastiche erano motivo di orgoglio

per tutta la famiglia; avremmo dovuto incorniciarle in cornici d'oro, tanto erano immacolate!

Il periodo che seguì la scuola elementare fu dei più bui.

Io ero spesso assente, immersa dal lavoro che risucchiava ogni mia energia. Quando tornavo a casa, puntualmente suo padre risvegliava in me frustrazioni che con impegno tentavo di soffocare.

Sabrina Giuseppina cercava di fare da moderatrice in quei teatrali litigi dalle dimensioni epiche. Avrei dovuto ascoltare i suoi saggi consigli, piuttosto che bendare i miei occhi su una realtà che avevo difficoltà ad accettare.

Invece mi limitavo ad osservarla tornare da scuola con un broncio impresso sulla fronte, mentre salutava con un secco: «Tutto bene», prima di chiudere la porta di camera sua per farsi avvolgere dagli aspri suoni della musica rock.

Nonostante lei avesse fatto del silenzio la sua più impenetrabile corazza, mi riscaldava il cuore vederla divorare con gusto generose porzioni di pasta...

Quale gioia vederla apprezzare il mangiare! Il suo piatto preferito, oltre alla pasta, era la zucca gratinata;

un abbinamento dolce/salato che in molti avrebbero considerato inusuale ma che per lei era pura poesia culinaria.

Trovavo esilarante vederla fare i salti di gioia ogniqualvolta recitavo il menù del giorno con tono da chef stellato.

Sabrina Giuseppina era diventata di corporatura un po' robusta o, come spesso le riferivo, "sinuosa", e si vedeva bella come mai prima d'allora.

Lo confesso, un velo di malinconia talvolta accentuava le rughe sul mio viso, al pensiero che io, al contrario, raramente nella mia vita mi sono sentita in quel modo.

Un giorno, tornata dal lavoro, l'ho vista accucciata a terra mangiare cucchiaiate di cioccolata spalmabile.

Sebbene sull'immediato quell'immagine mi avesse fatto sorridere, collegando ad essa l'ingenuità di cui solamente un bambino è capace, la sua reazione aveva acceso in me dei campanelli d'allarme.

«Cosa vuoi!? Cosa guardi!?» mi rimproverò, come se le stessi facendo il terzo grado per un terribile crimine.

«Nulla... Volevo solamente sapere come mai ti nascondi dietro l'anta della mensola... Non è forse una posizione scomoda?» le avevo domandato, cercando di mantenere un tono di voce piatto per mimetizzare la mia perplessità in quell'attimo.

Lei mi aveva risposto con un profondo silenzio ed uno sguardo colmo di rabbia e sofferenza.

Spesso mi rimprovero di non essere stata in grado di gestire al meglio il tempo che avevo a disposizione per farla riemergere da quell'abisso.

Avrei dovuto farle seguire un regime alimentare il giorno stesso in cui l'avevo sentita pronunciare le parole: «I miei compagni dicono io sia grassa». Come avrei potuto, tuttavia, sottrarti quello che sembrava essere il tuo unico placebo?

E la pancetta che pian piano le spuntava dai jeans attillati e che dopo quei commenti aveva iniziato a punzecchiare mentre guardava con sguardo disperato la sua immagine riflessa negli specchi... "Dimmi, è forse stata colpa mia la causa dell'attivazione di quella roulette russa?" le vorrei spesso chiedere in risposta a quell'episodio.

Tutto ciò di cui sono stata capace, al contrario, è stato osservarla lentamente appassire.

Mai avrei pensato potesse esistere forza così

distruttrice come quella che consumò Sabrina Giuseppina.

Giorno dopo giorno un dolore dilaniante sembrava divorarla dall'interno, facendole provare una morsa allo stomaco al sol pensiero di doversi nutrire per sopravvivere.

Il periodo in cui mangiava con apparente serenità, senza restrizioni né privazioni, era ormai un ricordo lontano dal sapore dolceamaro.

Il suo carattere gioioso e socievole ha conosciuto il lutto dell'anoressia, che l'ha stretta nella sua morsa e rinchiusa nella solitudine.

Sabrina Giuseppina passava le giornate chiusa in camera, spesso e volentieri seduta sul pavimento con le spigolose spalle contro al calorifero, quasi a cercare rimedio per quel gelo interiore che la stava rubando alla vita.

La ammonivo, gridavo, la spronavo ad uscire e socializzare, lei, invece, non faceva altro che guardarmi dritta negli occhi senza proferire parola, per poi abbassare lo sguardo, e sussurrare con un filo di voce:

«Esci e chiudi la porta».

Quelle parole mi trafiggevano da parte a parte come

un proiettile sparato in piena tempia.

Stavo perdendo la mia bambina.

Ogni giorno le sottraeva del peso.

Quei 55 chilogrammi, tanto allarmanti per una ragazza della sua statura, non erano altro che l'anticamera di un peso piuma ancor più terrificante.

La tensione e il sentire di impotenza mi inchiodavano al muro e mi offuscavano la vista, mentre ogni mia energia mentale era spesa nel trovare soluzione al gioco di quella meschina malattia.

Inizialmente la vedevo mangiare qualsiasi cosa le mettessi di fronte sebbene con la lentezza e la svogliatezza di un bradipo. Cercavo in ogni modo di incrementare il suo introito calorico aumentando le porzioni e arricchendo i suoi pasti con ricchi condimenti. Mi stupivo, tuttavia, nel vederla perdere peso al contrario di acquisirlo.

Sabrina Giuseppina sebbene spazzolasse ogni cosa trovasse nel piatto, manteneva una linea fin troppo snella.

Il primo sospetto mi venne quando la lasciai sola in

cucina per una quindicina di minuti. Sapevo che ci avrebbe messo circa quaranta minuti per finire di mangiare quel piatto di pasta che le avevo servito.

La tavola era per lei come una sala operatoria: analizzava ogni zigrinatura dei maccheroni e li sminuzzavi fino a ridurli poltiglia.

Ancora non comprendo il significato dietro quell'automatismo.

Con mia sorpresa, tuttavia, al mio ritorno, nel piatto non era rimasta nemmeno una goccia di quel mare d'olio nel quale i maccheroni erano annegati.

Sul suo viso era impresso un sorriso forzato e negli occhi un lampo d'impazienza, mentre, con agilità felina, lei si era alzata dalla sedia per sgattaiolare nel suo "luogo sicuro".

Non le chiesi niente, mi limitai ad osservarla in silenzio, con un mascherato senso di preoccupazione di cui non riuscivo a liberarmi.

Il suo piano sarebbe stato perfetto se non colsi sul fatto uno dei suoi cagnolini leccarsi i baffi.

Non lo nascondo, avrei dovuto intuirlo prima, esisteva un chiaro collegamento tra il suo perdere peso e il suo cane diventare giorno dopo giorno sempre più rotondetto.

Era stato quell'episodio a farmi comprendere l'intelligenza della malattia che la stava consumando.

Il giorno seguente aspettai il momento in cui Sabrina Giuseppina uscì per andare a scuola, per intrufolarmi nella sua cameretta e cercare indizi sul suo stato interiore.

Fu come bruciare nelle fiamme dell'inferno.

Sotto il letto trovai decine di pacchetti di merendine, mentre in uno scatolone, avvolti da pellicola trasparente e tovaglioli, dei resti del pranzo di chissà quanto tempo fa.

L'odore di muffa invase le mie narici nel momento in cui scartai quel triste bottino.

Avrei voluto metterla di fronte alla realtà, risvegliarla da quello stato d'inerzia del vivere. Decisi così di mettere tutta quell'immondizia in un sacchetto e scrivere su un pezzo di carta una simpatica nota.

Speravo sarebbe servito come gentile rimprovero...

Eppure non potevo sbagliarmi maggiormente.

Vane furono tutte le mie parole e i tentativi di convincerla a vedere il bello nascosto dietro la difficoltà del vivere.

La situazione di lì a breve degenerò drammaticamente. Sabrina Giuseppina decise di smettere di mangiare e bere.

Provavo a mantenere la calma ma mi straziava il vederla con occhi gonfi e rossi, piegata dal peso delle ossa che la sorreggevano.

Inutile fu ogni tentativo di farla riemergere dalle profondità della depressione causata dalle meschine menti che l'avevano convinta di non essere degna di questa esistenza.

Psicologia individuale, terapia di gruppo, centri di sostegno psicologico... Nulla sembrava avere presa su di lei.

Sabrina Giuseppina non aveva mai amato le imposizioni, tantomeno le persone che provavano pena per lei; le emozioni erano l'essenza del suo Io interiore e, di conseguenza, come una spugna, lei assorbiva ogni negatività attorno a sé.

"Perché non parlarne al posto di far sì che consumassero ogni briciola di positività in te?" un'altra questione tutt'ora avvolta dal mistero.

Lei era un po' incosciente, un po' testarda, un po'

infantile; lentamente spariva nell'oblio e faceva un grande smacco a me e all'esistenza stessa.

"Cosa volevi trasmettere? Volevi forse pormi di fronte all'insignificanza del mio ruolo di madre?".

Il suo peso piuma e la mancanza di concentrazione le avevano impedito di proseguire gli studi, aspetto di cui tuttora la rimprovero.

Non esisteva giorno in cui lei saltasse le sue estenuanti sessioni di esercizio fisico, per poi sdraiarsi sul divano coperta da tre strati di vestiti.

Talvolta, quando la mia pazienza veniva meno e l'ansia annebbiava il mio giudizio, strillavo: «Alzati da quel maledetto divano, sembri una morta! Vattene via di lì!».

L'anoressia in lei si aveva attecchito come la leucemia: la sua lunga liscia chioma perdeva ciocche come gli alberi in autunno. Il suo colorito era bianco cadaverico dal sottotono giallastro. Profonde occhiaie violacee marcavano il suo sguardo. Le sue labbra, anch'esse dai toni violacei, erano aride come il deserto.

Le sue unghie erano grigiastre, provate dal perenne stato d'ipotermia in cui ti trovavi.

Le sanguinavano spesso le gengive e il naso. Pochi brandelli di carne rimanevano in tensione sulle ossa, rendendola particolarmente esposta alle contusioni.

Conseguentemente, persino il semplice sedersi su una sedia le lasciava evidenti lividi.

Accusava dolori nella parte superiore dell'addome, soprattutto allo stomaco, e la sua temperatura corporea era allarmante... Ancora non riesco a comprendere come abbia fatto a sopravvivere, quel giorno in cui il termometro misurò 34.4°C.

Sabrina Giuseppina era diventata anemica e i suoi parametri vitali erano a dir poco terrificanti.

Il ciclo mestruale le si era arrestato quando iniziò la sua discesa in picchiata.

In tutto questo lei era ignara di ciò che le stava accadendo: scrutava e criticava la sua immagine riflessa nello specchio, piangendo perché nella sua mente appariva sempre "obesa, disgustosamente grassa", come confessò un giorno al suo terapeuta.

Il mio dolore nel vederla ridotta pelle e ossa, così come la rabbia verso me stessa, erano di dimensioni spropositate. Avrei voluto prenderla per le spalle, scuoterla, e gridarle: "Guarda! Guarda come ti sei ridotta! Sei uno scheletro che cammina!".

E, purtroppo, così feci.

Era un caldo giorno di Settembre, quando per caso la vidi spoglia dagli strati di vestiti che camuffavano le sue forme.

Lei era di fronte allo specchio, immobile, intenta ad analizzare le aspre curve del suo fisico.

Le ossa sembravano perforare la sua ormai inesistente muscolatura; lividi violacei macchiavano la pelle bianca come il latte; una sottile peluria ricopriva ogni centimetro della sua pelle.

Mi stava lasciando. Sabrina Giuseppina si era ormai arresa al peso della sua infelice esistenza.

Era giunto il momento di smussare il mio carattere remissivo per prendere in mano le redini la situazione.

Mentre mia madre, vedendola, pianse come se stesse leggendo il necrologio della nipote, io corsi a prendere il telefono e chiamai l'ospedale per implorare ricoverassero la mia giovane figlia. La lista d'attesa tuttavia era molto lunga, mi dissero ci sarebbero voluti almeno sei mesi prima che si liberasse un posto letto in reparto.

In quel momento non ci vedetti più dalla rabbia, come potevano lasciare a sé stessa una ragazzina di soli 15 anni?

Il tirar fuori gli artigli aveva dato i propri frutti: la visita medica generica in clinica sarebbe avvenuta "solamente" tre settimane dopo.

Il giorno della visita Sabrina Giuseppina indossava una felpa grigia, una corta gonna a balze nera, dei collant semicoprenti, e un paio di stivaletti.

Non riuscivo a posare il mio sguardo sulle sue gambe, talmente esili che ad ogni suo passo sembravano sul punto di spezzarsi.

47.8 kg per 175 cm, 3 mesi.

Questi i suoi numeri finali, compresa l'aspettativa di vita secondo il suo peso di allora.

La mia "bambina" aveva svilito così tanto il suo organismo che il tempo si era drasticamente accorciato, facendo beffe della sua tenera età.

Nonostante non volessero nemmeno accettarla

nella clinica per disturbi alimentari (vista la gravità del suo caso), intravedendo in lei una scintilla di speranza, decisero di darle in dono la sua ultima più grande opportunità... A patto che lei collaborasse nel risalire da quell'oscuro abisso.

Nonostante lei fosse ridotta ad uno scheletro, nel suo sguardo, per un istante, mi era parso di leggervi voglia di evadere.

Evadere da cosa?

Quando le infermiere l'accompagnarono verso quella che sarebbe diventata la sua "nuova casa", lei non guardò indietro, come a voler cancellare ogni traccia del suo passato.

Osservavo dalla vetrata il suo fantasma contorcersi in profondo dolore mentre i medici tentavano di inserirle nella vena la flebo per riabilitarla. La sua pelle era diventata tanto sottile da creparsi al più minimo contatto con l'ago.

Non potevo credere lei si fosse già arresa.

In ospedale Sabrina Giuseppina ci rimase per cinque mesi per me dal sapore dell'eternità.

Non potendo usare il telefono, ogni tanto inviava delle lettere, aggiornandoci sulle sue avventure e disavventure in reparto.

Mi raccontava che i letti accanto al suo, purtroppo, si svuotavano velocemente, per poi essere qualche giorno dopo riassegnati, in quella battaglia di sopravvivenza.

Eppure, tra le righe dei suoi resoconti, iniziavo a leggere una feroce voglia di vivere.

Si tende a sminuire la spietatezza e la gravità dei disturbi alimentari, spesso, per ignoranza, visti come capricci o, ancor peggio, mode temporanee. In pochi sanno che essi non sono altro che una manifestazione fisica di un disagio interiore.

Si dovrebbe invece cercare di sensibilizzare la società a queste gravi affezioni, promuovendo uno stile di vita sano e la terapia psicologica. Trovo infatti essere aberrante il fatto che tuttora una persona che, per esempio, soffre di depressione o disturbi d'ansia, venga definita "non normale", così come la psicoterapia e le cure psichiatriche siano costantemente soggette a critiche e censure.

Fuori dalla finestra iniziava a nascere l'autunno, con la sua fresca brezza e i caldi dolori delle foglie che con grazia si posano sul terreno.

Le condizioni di Sabrina Giuseppina a detta dei medici stavano lentamente migliorando, permettendole finalmente di ricevere visite dai famigliari.

Al primo incontro ci eravamo presentate io e mia madre.

La stanza in cui il personale medico ci aveva dirette era di dimensioni contenute e spoglia. Vi erano infatti solamente un paio di sedie, un tavolino, e l'immancabile videocamera di sorveglianza.

Mio marito, suo padre, non era riuscito ad andare a trovarla, non riusciva a reggere il peso della tua leggerezza. Aveva però dato la sua parola che era solamente questione di tempo, il giusto tempo, in cui le guance di sua figlia sarebbero state più rosee. E, quando sarebbe stata dimessa, sarebbe stato lui ad andare a prenderla.

Sebbene potessi capire la sua sofferenza nel vedere la propria figlia ridotta all'ombra di sé stessa, il suo mi era sembrato un clamoroso atto di codardia.

Quando Sabrina Giuseppina entrò nella stanza mi era parso di vederla sorridere. Era da così tanto che il suo viso non si esprimeva in una briciola di emozione.

Sua nonna ed io l'avevamo stretta in un forte abbraccio.

Avevo analizzato con attenzione il suo corpo che, seppur si presentasse ancora spigoloso, era caldo e il cuore batteva a un ritmo regolare.

In quel momento avevo realizzato che la voglia di vivere sepolta in te sarebbe riemersa in tutto il suo splendore.

Oggi, a distanza di 9 anni, Sabrina Giuseppina è una ragazza forte e determinata che della sua sensibilità ha fatto un dono per aiutare il prossimo.

Vive all'estero e lavora incessantemente.

Talvolta nel pieno della notte piango al ricordo della mia inesperienza nel ruolo di madre e degli errori commessi.

Tuttora attendo un perdono che spesso sembra giacere in un orizzonte non troppo lontano.

02

IL TEMPO

02

Le stagioni scivolare addosso come un leggero abito di seta,
Occhi negli occhi lo specchio a ricordarti chi non sei più,
Sentire il tratto della penna che impugni chiudere i confini che ti
definiscono.

*I*l tempo ha un ritmo tutto suo: lento, lentissimo, veloce, velocissimo. Attraverso il suo incessante scorrere ci riscopriamo in luoghi, sensazioni ed emozioni sempre differenti, con l'inconscia consapevolezza della sua fugacità.

Se il tempo fosse materia lo dipingerei come granelli di sabbia che velocemente sfuggono tra le dita per posarsi delicatamente al suolo.

Tutto accade e scorre secondo una logica che tuttora rimane apparentemente misteriosa.

Mettendo sotto la lente d'ingrandimento la parola: "tempo", noteremo tre nettamente distinte letture: il "tempo della scienza", il "tempo del pensiero" ed il "tempo del sentimento".

Quando facciamo riferimento al tempo il primo pensiero è rivolto al tempo della scienza.

Il suo scorrere è scandito dalla successione di secondi, la sua più piccola unità di misura secondo il Sistema Internazionale. Minuti, giorni, settimane, mesi, anni risultano quindi essere null'altro che la somma di innumerevoli attimi.

Sin dalla genesi dell'umanità l'uomo ha indagato i misteri dello scorrere del tempo e i metodi per catturarne il progressivo e perpetuo andamento, cercando nel cielo, nella meridiana, nella clessidra e negli orologi ad acqua validi alleati, prima di giungere finalmente allo strumento per eccellenza per misurare il tempo: l'orologio.

Il tempo è stato stabilito essere un dato concreto ed oggettivo calcolabile e tacciabile attraverso strumenti fisici quali l'orologio e il calendario.

Il concetto di passato, presente e futuro perde così quell'affascinante velo di romanzato mistero per accogliere l'evidenza della scienza.

Tuttavia, in questa chiave di lettura viene meno un aspetto fondamentale non percepibile né quantificabile attraverso alcuno strumento scientifico: la percezione umana.

Su scala individuale, infatti, lo scorrere del tempo appare tutt'a un tratto flessibile e soggetto alla percezione individuale, assumendo sfumature del misterioso ed affascinante. Se dovessi tradurre questo fenomeno in parole, lo chiamerei: "tempo del sentimento", per esprimerne appieno la dimensione più autenticamente umana.

In questa dimensione temporale, misura dell'esperienza e del vissuto interiore del singolo individuo, la durata degli istanti è soggetta all'intensità e qualità emozionale di ciascun attimo che si sta vivendo. Conseguentemente, si percepirà il tempo dilatarsi in momenti di sofferenza e si restringersi in quelli di gioia.

Analizzando il fenomeno in chiave filosofica, si osserverà che i significati legati al termine "tempo" sono svariati; per molte persone è sinonimo di vita frenetica: i minuti si rincorrono in uno scenario in continuo movimento, tutto scorre e perpetuamente si trasforma; per alcuni significa apertura al possibile: il suo ritmo costante tiene ancorati al presente e prospetta inaspettati orizzonti e opportunità imperdibili; per gli inguaribili romantici, invece, è sinonimo di mistero: dal batticuore dell'innamoramento, in cui gli attimi sembrano svanire nel nulla facendo rimanere in attesa di: «Un momento ancora», fino alla staticità del tempo nel momento della separazione dall'amato.

Il tempo del sentimento è misura dell'esperienza umana e si manifesta in tutto il suo fascino e imprevedibilità.

La sensazione di "urgenza" che talvolta si sperimenta e che trova espressione in esclamazioni quali: «È troppo tardi, arriverò in ritardo!» è un inconscio richiamo al fatto che sebbene ci sembri il contrario, il tempo può solamente essere organizzato e non governato.

La sua fugace natura viene vissuta come monito al cambiamento, abbia esso connotazione positiva o negativa.

Lo scorrere delle lancette dà ritmo al dinamico oscillare tra tensione e distensione del tempo attraverso il quale avviene il mutamento. Ecco che esclamazioni quali: «È troppo tardi, arriverò in ritardo!» si trasformano in: «È troppo tardi, arriverò in ritardo! Se così fosse dovrei aspettare un'ora per la coincidenza con il prossimo treno!».

Nonostante ciò, la società moderna fa spesso coincidere alla dinamicità del tempo l'ansia delle scadenze, annullando l'eventuale connotazione positiva associata al termine.

Su queste derive ci si ritrova essere "servi" dell'orologio e del calendario, sottostando al loro potere regolatore ed organizzativo.

Timer risvegliano lo schermo del cellulare; gli spazi bianchi delle caselle del calendario vengono riempiti da appuntamenti; nelle agende pullulano prolisse note recitate attraverso i verbi: "andare", "fare", "rivedere", "programmare", e così via; post-it appesi ovunque sulle pareti di casa danno un interessante tocco artistico a quel bianco spoglio.

Di fronte alle scadenze e al cambiamento ci si sente spesso disarmati e alle prime armi, indifferentemente da quante volte ci si è già ritrovati nella tal circostanza.

E se al posto di arrendersi e alzare bandiera bianca

si tentasse di andare contro quell'illusoria limitazione?

La tanto cara assenza di tempo è spesso, in realtà, un pretesto per non affrontare le responsabilità che il cambiamento comporta e la complessità del gestire al meglio i propri impegni.

Rimanere ancorati alla propria zona di agio è confortante ma aprirsi al cambiamento è rivoluzionario.

Io stessa, particolarmente nella prima adolescenza, mi ritrovavo frequentemente a crogiolare nell'ozio. In quei momenti venivo pervasa da un'insolita sensazione ai confini tra profonda quiete e pura adrenalina.

Le ore dedicate alla lettura di libri di Psicologia e Filosofia, dal sapore così dolce nel pensiero, assottigliavano tuttavia il tempo che avrei dovuto spendere nello svolgere i compiti per casa, una pillola amara che con puntualità svizzera tardavo a prendere.

In quella quiete apparente, ad ogni scoccare d'ora l'adrenalina cresceva d'intensità fino a raggiungere il culmine verso sera, quando, finalmente, prendevo coscienza che il tempo del piacere dovesse cessare per lasciar spazio al tempo del dovere.

In quegli istanti l'osservare le lancette dell'orologio scorrere assumeva un fascino ipnotico che trascinava in un vortice di pensieri: «Calcolando che al mattino manchino ancora dieci ore, ciò significa che dividendole in maniera equa rimangono a disposizione cinque ore di studio e altrettante di sonno. Sembra essere un giusto compromesso... Se non fosse che, dormendo così poco, rischierei di giungere al compito in classe spossata e con scarsa capacità di concentrazione... Ah, sono ad un vicolo cieco!».

Si potrebbe concludere che spesso si cerchino delle scusanti per rimandare ad un secondo momento ciò che la coscienza detta essere impegnativo o complesso.

Cogliere il reale senso del tempo, tuttavia, significa analizzarne le radici e scoprire che nella sua configurazione, al contempo coerente e bifronte, esso può togliere tanto quanto può aggiungere valore all'esperienza umana. L'ottica in cui questo viene percepito segue il sentire individuale e la personale predisposizione verso una visione positiva o negativa della realtà.

Indubbiamente, tuttavia, indipendentemente da che angolazione lo si guardi, il tempo è sinonimo di fascino, ignoto e avvenire.

Se riscoprissimo il valore inestimabile del "qui ed ora", si riuscirebbe a gestirlo al meglio e si percepirebbe il cambiamento come opportunità, senza più averne timore o creando aspettative.

IL TEMPO

IL RITRATTO DELL'ETERNITÀ

*I*mmagina di trovarti a Bucarest, coi suoi alti palazzi di stampo sovietico a far da contrasto a suggestivi edifici in stile neobarocco. Una città dei contrasti e degli eccessi, una "Piccola Parigi" dal carattere ribelle.

È un mattino dal cielo grigio e incerto, nessuna brezza a muovere le foglie, nessun sentore di pioggia richiamare gli ombrelli a proteggerti.

Unicamente armata di macchina fotografica e una borsa a tracolla che puntualmente cerca di scappare dalla mia spalla, mi incammino verso la stazione della metropolitana.

"1 Decembrie 1918" ("1 Dicembre 1918" in lingua italiana), questo il suo nome.

Ogni volta che salgo su un treno mi piace pensare di stare partendo per un viaggio alla scoperta di luoghi e culture del passato.

Se c'è una cosa di cui questa città deve dar vanto sono i suoi plumbei cieli al tramonto e le drammatiche nuvole nei giorni di tempesta.

"Questo tempo incerto può far da sfondo ad interessanti riflessi sul lago", penso, ed io, ragazza di lago, non posso che ritrovarmi sognante e felice al solo pensiero di distese d'acqua e riflessi astratti.

Decido così di fare tappa ad uno dei laghi artificiali di cui maggiormente può dar vanto Bucarest: il Lago Herăstrău.

Il treno, insolitamente non stipato in un Sabato in cui i lavoratori si crogiolano nel dolce far niente, arriva con sorprendente puntualità svizzera.

Accenno un saluto al conducente, il quale curiosamente osserva fuori dalla sua "navicella", e mi siedo in una delle decine di sedute libere nel vagone centrale.

Tra una frenata brusca e improvvisa, un "Doamne fereşte!" ("Dio mio!", espressione dalle infinite sfumature) e pause di un paio di minuti tra una fermata e l'altra, ero quasi giunta a destinazione.

"Urmează stația Aviatorilor, cu peronul pe partea stângă."

"Segue la stazione Aviatorilor, con piattaforma sulla sinistra."

Scendo dal treno.

Una vampata d'aria calda mi scosta i capelli dal viso e mi trascina verso l'uscita, indugiando tra i chioschi che vendono prodotti di panificazione.

Quell'odore di pane fresco riempie i polmoni, affaticati da quell'aria stantia respirata appena scesa dal treno, mentre la vista di paffuti e succulenti cornetti alla cioccolata sembra sussurrarmi: "comprami".

Le mie papille gustative hanno un debole per il dolce e, eventualmente, la mente (e il portafoglio) cedono alla tentazione di un burroso croissant.

Le pupille si dilatano lentamente nell'uscire dalla stazione per mostrarmi un cielo più scuro, quasi dalle parvenze della sera.

Trovato il mio "soggetto perfetto", una sponda del lago costellata da un significativo numero di salici piangenti e molteplici specchi d'acqua, mi posiziono immobile di fronte a quel paesaggio, pronta a imprimere sulla pellicola quell'incontaminata sensazione di serenità che si respirava tutt'attorno. `

In pochi considerano la fotografia come più di un semplice catturare immagini.

Credo che essa, invece, non sia solamente una forma di espressione artistica bensì un vero e proprio diario visuale in cui colori, composizione, forme e soggetti trovano nuova eterna espressione.

È proprio questo che da sempre ho amato della fotografia: la sua capacità di essere testimone di una realtà che, da espressione della contemporaneità, con l'avanzare del tempo, sfuma in una dispositiva del passato. Quell'attimo si ritrova così per sempre impresso sulla pellicola, trasportando luoghi, persone e oggetti in una dimensione atemporale.

Non mi ero mai chiesta prima d'ora il perché scattassi così tante fotografie; oggi, tuttavia, sotto questo cielo uggioso che fa emergere il "me filosofico", comprendo che in realtà questo semplice atto di premere il pulsante di scatto nasconde il desiderio di rendere il tempo immortale, rifuggendo dalla precarietà dell'esistenza.

Se vuoi essere eterno, fatti fotografare; se vuoi che le

persone alle quali tieni vivano altri cento di questi anni, rubagli uno scatto.

In pochi considerano la fotografia come più di un semplice catturare immagini.

Credo che essa, invece, non sia solamente una forma di espressione artistica bensì un vero e proprio diario visuale in cui colori, composizione, forme e soggetti trovano nuova eterna espressione.

È proprio questo che da sempre ho amato della fotografia: la sua capacità di essere testimone di una realtà che, da espressione della contemporaneità, con l'avanzare del tempo, sfuma in una dispositiva del passato. Quell'attimo si ritrova così per sempre impresso sulla pellicola, trasportando luoghi, persone e oggetti in una dimensione atemporale.

Non mi ero mai chiesta prima d'ora il perché scattassi così tante fotografie; oggi, tuttavia, sotto questo cielo uggioso che fa emergere il "me filosofico", comprendo che in realtà questo semplice atto di premere il pulsante di scatto nasconde il desiderio di rendere il tempo immortale, rifuggendo dalla precarietà dell'esistenza.

Se vuoi essere eterno, fatti fotografare; se vuoi che le

persone alle quali tieni vivano altri cento di questi anni, rubagli uno scatto.

Non osservare di sfuggita l'ambiente attorno a te, guarda la realtà che ti circonda attraverso le lenti della curiosità analizzandone i più piccoli particolari, proprio come quando cerchi la luce e l'angolazione perfetta per la tua istantanea.

Guardare, non osservare, per riuscire poi (forse) a poter sfogliare la storia dell'artista.

La fotografia è direttamente collegata alla sfera del sentimento, e non proprio quella la massima espressione d'arte?

Tempo di perdermi in questa digressione, ho già scattato trenta fotografie.

Il fruscio delle fronde degli alberi movimenta la staticità del paesaggio; lo scricchiolio delle foglie e dei rami sul terreno fa da sottofondo al mio passeggiare, spezzando momenti di incontaminato silenzio.

Penso sia bellissimo come il tempo diventi relativo quando lo si occupa facendo qualcosa che si ama, proprio come ora, in questo mio tentativo di rendere immortale la bellezza della natura.

Mentre rimango immobile a poca distanza dalla

sponda del lago, mi esibisco in discrete doti di equilibrio.

Decine di passanti osservano attenti il mio paziente tentativo di imprimere sulla pellicola qualche rondine.

Una simpatica signora di mezza età si avvicina con passo felpato e inizia a farmi delle domande su quella che lei ha definito "arte".

«Cosa ti spinge a fotografare?» domanda, con negli occhi un lampo di curiosità caratteristico dei bambini.

«Sa, ho da sempre temuto il tempo, così fragile e inconsistente. Non passa giorno in cui non cerchi modi in cui rallentarne l'incessante corsa. La fotografia è uno di quelli.

Mi piace l'idea di rendere immortale ciò su cui poso il mio sguardo» le rispondo.

La signora mi guarda e sorride come solamente una madre è in grado di fare. Dopo aver appoggiato la sua mano sulla mia spalla mi sorprende con la richiesta:

«Ti andrebbe di farmi una fotografia?».

«Certamente, ne sarei più che onorata» le dico, accogliendo a braccia aperte il suo desiderio.

È passato così tanto tempo dall'ultima volta in cui fotografai il ritratto di qualcuno; mentirei se dicessi che non mi senta un po' sotto pressione.

Mentre lei, sfoggiando il più smagliante dei sorrisi, si sistema la sua folta chioma rosso fuoco, rilascio la tensione in un lungo sospiro e scatto un paio di fotografie.

Sperando in una decente riuscita, mi avvicino a lei e le mostro l'anteprima delle fotografie. Con sorpresa la vedo rubarmi la macchina fotografica dalle mani per puntarla contro di me.

«Pensa a ciò che rende il tuo animo lieto» mi dice, mente fa l'occhiolino all'obiettivo.

Click! Click! Click!

«Ti capisco, sai, il pensiero del tempo che sfugge fa rabbrividire anche me. Ora, però, siamo diventate immortali» mi rassicura, ridandomi la macchina fotografica e salutandomi con un caldo abbraccio, prima di darmi le spalle e raggiungere la sua famiglia seduta su una panchina a pochi passi di distanza

03

IL RICORDO

03

Il ricordo sopravvive a qualsiasi legge temporale.
Un "addio" si tramuta in "arrivederci" nel cuore di chi ama e a
sua volta è stato amato.

Il ricordo avvolge nell'abbraccio di un passato che può rievocare sensazioni di leggera spensieratezza, acuta gioia o pungente malinconia.

Al giorno d'oggi, in cui la vita rapidamente scivola tra le dita, renderla eterna in una fotografia permette di ripercorrerne luoghi, vissuti e persone appartenenti ai giorni che furono.

L'incanto della nostra memoria giace difatti nella sua capacità di convertire oggetti, luoghi, soggetti e/o momenti da forme e colori convenzionali a "diapositive immaginarie", quali i ricordi.

Ho da sempre trovato particolarmente suggestivo quanto un singolo flashback possa rievocare e dar nuova vita ad emozioni e sensazioni prima d'allora sepolte nei meandri della mente.

Allo stesso modo, altrettanto interessante è il processo del dimenticare: la disattivazione dei ricordi attiva (volontaria) o passiva (involontaria) in cui l'oblio fa sfumare le tracce del passato se non sostenuto da rilevante valenza emotiva.

La memoria, il nostro personale vaso di Pandora o scrigno dei tesori, è la funzione mentale volta all'assimilazione di informazioni e stimoli esterni sotto forma di immagini o concetti, perlopiù appresi per via sensoriale, semantica, visiva o procedurale.

Agendo da bussola che ci orienta in questa esistenza, la memoria è alla base della conoscenza umana e animale, assieme ad altre importanti funzioni mentali tra le quali il ragionamento, l'intuizione e l'elaborazione di dati.

L'aspetto più affascinante del ricordare è indubbiamente legato ai criteri secondo i quali la mente immagazzina i dati appresi in una determinata sessione.

I principali sono:

❖ La tipologia di informazioni memorizzate.
❖ La persistenza del ricordo nella memoria, la quale può essere a breve e a lungo termine.

La durata della memoria, quindi, è influenzata sia dal tipo di informazione registrata, sia dall'esperienza emotiva associata al ricordo; difatti, quelli associati ad una più elevata carica emozionale sono maggiormente ancorati alla memoria rispetto a quelli unicamente inerenti nozioni generali.

Ciò accade poiché nell'atto del ricordare, mediante libere associazioni, vengono rievocate alla mente immagini, sensazioni, suoni e/o concetti appartenenti al periodo sotto analisi.

Questa modalità del rimembrare è un'attività mentale produttiva, in quanto richiede una precisa connessione tra pensiero e sentire affinché il ricordo riemerga in superficie; a differenza delle connessioni mentali definite "meccaniche", perlopiù inerenti all'immagazzinamento di dati di valenza logica e razionale.

Chi non è solito rammentare nozioni o concetti, potrà difatti constatare che la propria memoria sia agevolata dalle associazioni tra immagini mentali e emozioni/ sentimenti.

La componente affettiva legata ad un determinato episodio fa sì che esso opponga resistenza alla curva dell'oblio, rendendo così il ricordo più facilmente accessibile alla coscienza.

Se, per esempio, ci trovassimo di fronte ad una persona la quale afferma di conoscerci e noi, perplessi, ci ritroviamo a domandarci: "ma chi è?" per far sì che la nostra memoria riesca ad associare un'identità a quel volto si dimostra essere efficace focalizzarsi sulla circostanza in cui avevamo conosciuto la tal persona, o su uno specifico evento.

Rievocare alla mente una scena o un volto è un compito complesso e non sempre fattibile; per riuscire nell'intento, difatti, occorre in primo luogo che, ai tempi in cui avveniva la vicenda, si sia prestata abbastanza attenzione al soggetto e alla scena circostante.

Quando questa associazione è possibile, la memoria riprende vita costruendo un ponte tra passato e presente.

La mnemonica legata alla logica e alla razionalità, al contrario, è basata sulla frequenza con cui una determinata nozione viene presentata alla nostra mente. Un chiaro esempio può essere lo studiare una poesia: più la si ripete, più la memoria ne immagazzina il contenuto.

In altre parole, le connessioni in questa modalità del ricordare sono puramente di natura "logica" e hanno prevalentemente permanenza nella memoria a breve termine.

La moltitudine di dati che compone l'attuale società rende necessaria la registrazione nella memoria di un determinato quantitativo di annotazioni e trascrizioni affinché non svaniscano nell'oblio.

Ciononostante, il mettere le cose per iscritto, se abusato, paradossalmente, ha come effetto collaterale la diminuzione delle proprie capacità mnemoniche.

Quante volte si è cercato di rimuovere dalla propria memoria un'esperienza o persino persone legate ad esperienze traumatiche?

Benché si pensi il contrario, dimenticare è molto più complesso che rammentare, per via della carica emotiva che ancora uno specifico ricordo alla memoria.

Nell'ambito delle neuroscienze, non a caso, nulla è dovuto al caso bensì ha un proprio fine; le rimembranze, in particolar modo, positive o negative che siano, sono considerate essere parte integrante del nostro Io. La loro rimozione comporterebbe l'annullamento di parti della propria identità.

Solitamente, l'archiviazione dei dati memorizzati in una determinata sessione diminuisce con il passare del tempo, fatta esclusione per quelli appartenenti alla sfera emotiva, i quali giacciono nell'inconscio.

L'affievolimento della memoria inizia prevalentemente alcune ore dopo la registrazione delle informazioni.

Si potrebbe fare distinzione tra ricordi dalla carica emotiva neutra o elevata. I primi vengono dimenticati per primi e spesso comprendono dati appresi mediante la vista; in genere, difatti, dimentichiamo circa l'80% di ciò che vediamo (le persone che incontriamo per strada, le targhe delle automobili, le vetrine dei negozi, etc.).

I secondi, al contrario, sono legati a sentimenti ed emozioni, e hanno più resistenza all'oblio; più un episodio ha valenza emozionale e viene identificato "significativo", più permarrà nella memoria.

Le libere associazioni sono un altro fattore decisivo nel processo del dimenticare. La maggior parte dei nostri ricordi, difatti, rimangono ancorati alla memoria poiché originati attraverso libere associazioni tra fatti o persone e suoni, odori, immagini, sensazioni e emozioni.

Tutto ciò che accade nella nostra esistenza, sia sul piano mentale, fisico che interpersonale, provoca un cambiamento a livello cerebrale.

Il nostro cervello, per ogni avvenimento, crea delle tipologie di tracce ben distinte aventi diversa durata.

Tra le principali troviamo:

❖ La "memoria a breve termine", la quale serve a rievocare un evento nell'immediato ed è destinata a svanire entro pochi giorni.

❖ La "memoria a lungo termine", il cui scopo è quello di immagazzinare dati per un periodo di tempo che varia da qualche minuto a diversi anni.

La memoria a breve termine viene a sua volta suddivisa in:

1. *Memoria di lavoro*, un sistema che permette di registrare per una durata di tempo temporanea informazioni specifiche, creando collegamenti funzionali tra la percezione sensoriale e l'azione.

2. *Memoria iconica*, parte integrante della memoria sensoriale, permette di immagazzinare dati visivi.

3. *Memoria ecoica*, una seconda tipologia di memoria sensoriale legata alla registrazione temporanea di dati uditivi.

La memoria a lungo termine viene a sua volta suddivisa in:

1. *Memoria semantica*: parte integrante della memoria dichiarativa, adibita alla memorizzazione di dati inerenti al reale, quindi tutto ciò che è legato alla conoscenza generale del mondo, compresi i codici di linguaggio, i significati di parole e concetti.

2. *Memoria episodica e autobiografica:* sono relative alla memorizzazione di eventi e informazioni legati alla propria esistenza e alla vita di per sé.

   La memoria episodica, assieme a quella semantica e emozionale, formano la *memoria dichiarativa (o esplicita)*, una delle due principali modalità del ricordare assieme alla *memoria implicita (o procedurale)*. Mentre la prima è relativa ai ricordi che possono essere rievocati alla mente attraverso associazioni col reale (per esempio: nomi di cose, luoghi, persone, etc.), e riguarda prevalentemente tutto ciò che può essere descritto in maniera consapevole; la seconda, invece, è una tipologia di memoria relativa a procedure o azioni volte al compimento di compiti o attività complesse. L'imparare a camminare o a leggere sono chiari esempi di memoria implicita. L'imparare a camminare o a leggere sono chiari esempi di memoria implicita.

La struttura della nostra mente si organizza e si trasforma in base alle esperienze che deve registrare.

Ogniqualvolta accade qualcosa, nel cervello si genera un segnale elettrico che causa l'alterazione chimica e strutturale delle connessioni tra i neuroni.

Ciò risulta essere possibile grazie a una sequenza di reazioni tra differenti molecole, quali: le neurotrofine (proteine responsabili dello sviluppo delle cellule del sistema nervoso); gli ioni di calcio (che regolano molteplici processi biochimici cellulari) e alcuni enzimi (sostanze che fungono da catalizzatori biologici, ovvero sostanze necessarie alle reazioni chimiche a sostegno dell'esistenza). Il risultato finale è il potenziamento delle sinapsi, facendo quindi sì che il ricordo permanga maggiormente nella memoria.

Il processo del dimenticare, inesattamente pensato semplice e lineare, al contrario, si dimostra essere molto più eterogeneo, in quanto eliminare parte della memoria comporterebbe il cancellare di una sinapsi cerebrale.

Ogni esperienza, sensazione, emozione e sentimento, siano essi positivi o negativi, plasmano l'anatomia cerebrale di ciascun individuo, contribuendo alla definizione della propria identità personale e sociale.

Sebbene dimenticare sia difficile, non è impossibile.

L'oblio intenzionale risulta essere possibile in alcune circostanze, ovvero quando:

❖ Non si è data eccessiva importanza a ciò che è accaduto.

❖ L'impatto emotivo causato da un determinato fatto o una particolare esperienza viene ridimensionato.

❖ L'attenzione viene focalizzata sul positivo (o sulla zona neutra), invece che sul negativo di una determinata circostanza.

Più ci si sforza di dimenticare, più risulta essere di complessa realizzazione, in quanto la componente emotiva sovrasta la razionalità e fa sì che la nostra mente accentri gran parte dell'energia nel pensare a tale fatto. Si intuirà quindi che questa spirale di pensieri non solo ancorerà il ricordo ancor più saldamente alla memoria ma lo imprigionerà nel limbo tra passato e presente.

Quando i ricordi superano la prima fase dell'oblio, in cui la memoria dei dati appresi diminuisce con il passare delle ore e dei giorni, subentra l'inconscia esistenza al dimenticare.

Il riemergere alla coscienza di ricordi precedentemente archiviati, avviene prevalentemente mediante il **riconoscimento** (ovvero attraverso stimoli associativi, grazie ai quali è possibile riconoscere un elemento precedentemente codificato nella memoria), oppure mediante il **richiamo** (quando non vi sono stimoli associativi).

Alla luce della consapevolezza che i ricordi, sia piacevoli sia spiacevoli, definiscano chi si è, decidereste mai di cancellare parte della vostra memoria?

04

L'IGNOTO

04

*T*utto è ignoto, persino ciò che si crede essere certezza in quest'esistenza nasconde in vero inesplorate realtà.

La nostra mente affamata di risposte, si trova spesso di fronte al mistero dell'incertezza e del dubbio.

Nei confronti dell'ignoto esiste una costante tensione tra un'inspiegabile attrazione e un innato timore.

È proprio quest'ultimo a far sì che si prediliga la certezza all'incertezza che spaventa e pietrifica.

Immagina di dover prendere il treno delle ore 12:15 in stazione centrale per tornare a casa dopo una lunga giornata in università.

Sei in aula studio immerso nella rilettura degli appunti; sollevi lo sguardo e l'ora segnata dall'orologio ti fa balzare in piedi dalla sedia, realizzando essere già le 12:03.

Ti ritrovi dunque di fronte a due distinti scenari:

❖ Il lanciarsi in un atletico slancio e, come se ci si ritrovasse in una gara di velocità, correre e saltare sul treno quasi in partenza;

❖ Il procedere con andamento lento verso la stazione e pazientemente aspettare la coincidenza con il prossimo treno.

La prima opzione apre all'ignoto e alla domanda: «Riuscirò ad arrivare prima che parta il treno?» la seconda, al contrario, accoglie nella certezza dell'affermazione: «Arriverò sicuramente in orario per il prossimo treno».

Ora pensate, quale sarebbe stata la vostra scelta?

La maggior parte delle persone di fronte alle perplessità reagisce innescando inconsci meccanismi di difesa posti ad evitare l'oggetto del dubbio, scegliendo così in maniera apparentemente istintiva l'opzione che offre una soluzione d'immediata lettura e comprensione.

Nell'ambito scientifico, al contrario, ciò di cui ancora non si conoscono entità e natura funge da soggetto della ricerca e del desiderio di acquisizione di nozioni.

È infatti l'inconscio magnetismo dell'ignoto che richiama alla nostra mente quesiti e curiosità che altrimenti non avrebbero mai popolato il nostro intelletto; cosicché l'incertezza si trasformi in portale verso una più approfondita comprensione dell'Io, della realtà sensibile e intelligibile.

Oltre all'ignoto la nostra mente è affascinata dall'occulto, in particolar modo dalla sua promessa di dare risposta a dilemmi che vanno oltre la sfera dei sensi e del razionale, per sfociare nell'inspiegabile e nel magico.

Cartomanti, fattucchiere, chiaroveggenti, maghi...

Sono solamente alcuni degli operatori dell'occulto che offrono su un piatto d'argento soluzioni alla profonda esigenza dell'uomo di trovare rimedio all'imprevedibilità dell'esistenza.

Quello dell'occultismo e dell'esoterismo è un mondo che non va mai in pensione e raramente vive periodi di crisi economica. È un fenomeno trasversale che al contempo unisce e divide l'opinione pubblica, tra convinti sostenitori di queste pratiche e scettici.

Indubbiamente, il proprio retaggio culturale e il luogo di origine giocano un ruolo determinante nella presa di posizione verso una delle due parti.

Quali sono le principali motivazioni che spingono le persone a rivolgersi agli operatori dell'occulto per trovare le proprie risposte?

❖ **Curiosità**: La sete di conoscenza è uno degli aspetti che più caratterizzano l'essere umano. Il mondo dell'occulto, pregno di mistero, viene considerato essere un portale verso la ricerca di un "che" di inesplorato, inspiegabile e avvolto da un alone di oscurità.

❖ **Previsione del futuro**: Quella del domani è una tra le paure maggiormente diffuse tra gli esseri umani, e uno tra i motivi per cui sempre più persone negli ultimi decenni si sono rivolte agli operatori dell'occulto per avere un assaggio di ciò che accadrebbe nella propria vita.

Astrologi, chiaroveggenti, cartomanti e sensitivi assumono il ruolo di guida nell'esplorazione della dimensione ultraterrena.

❖ **Protezione da spiriti maligni**: Mai sentito parlare di case infestate da fantasmi e presenze invisibili avvolgere in un gelido e terrificante abbraccio? Questi i principali motivi per cui gli operatori dell'occulto vengono chiamati in soccorso, al fine di scacciare spiriti maligni facendo ricorso a rituali e/o pozioni magiche.

❖ **Fortuna**: Quando dita incrociate, amuleti e danze propiziatorie non bastano, un tocco di magia o parole d'augurio dal sapore del misterioso, per chi crede nell'occultismo, possono donare sicurezza in sé stessi.

❖ **Salute**: In particolar modo in alcuni Paesi sottosviluppati (ma non esclusivamente), non di rado chi è gravemente malato o è stato diagnosticato con una patologia con esiti particolarmente aggressivi sul proprio organismo, si rivolge a guaritori che, attraverso pratiche o rituali occulti, vantano di lenire una malattia da loro riconosciuta essere il risultato di una maledizione o di uno spirito maligno che intralcia il benessere dell'individuo.

❖ **Morte**: La paura più universalmente condivisa dall'essere umano, che pietrifica ed addolora.

A tutt'oggi molte persone si affidano a chiaroveggenti e medium per addolcire l'amara pillola dell'inevitabile destino dell'esistenza terrena; oppure per ricevere parole di rassicurazione nel sapere che chi non è più in vita stia bene e sia in una dimensione in cui regna la pace.

Queste e molte altre motivazioni definiscono l'innata necessità dell'essere umano di dare risposta a tutto ciò che vi è di ancora ignoto nell'esistenza.

Il far ricorso alle pratiche occulte è solamente una delle maggiori manifestazioni dell'insaziabile bisogno di conoscenza insito all'uomo.

L'avvicinarsi a questo mondo dal sapore dell'illogico e dell'arcano, si traduce nel relativismo in cui alla "realtà" viene sostituita "la mia realtà", così come la "verità" assume i toni de "la mia verità".

Il fascino dell'occulto risiede forse nell'allettante proposta di trasformare un mondo "universale" in "soggettivo", in cui ognuno ha la possibilità di regolare e/o controllare la propria esistenza secondo parametri individuali.

Sebbene la maggior parte dei pilastri dell'occultismo siano stati sconfessati dalla scienza, la quale occupa una posizione di netta antitesi in merito alla veridicità di questa pratica, essa tuttora affascina e richiama a sé curiosi e chi ha perso fiducia nelle fonti di conoscenza principali o nella fede, riscuotendo un grande seguito.

Il *destino* è un'altra importante componente dell'ignoto.

«Esiste il destino?»

Questa la domanda che almeno una volta nella vita ciascuno di noi si ritrova a formulare.

Ciononostante la risposta a questo quesito è tutt'altro che semplice.

Si distinguono difatti tre differenti scuole di pensiero: i

fatalisti, che credono che la nostra vita sia lo svolgersi del fato; i realisti, che sostengono la realtà in cui viviamo non sia retta da nessun destino ma che ogni avvenimento sia pura manifestazione del caso; e, infine, chi sostiene che il destino sia influenzato dalle decisioni che si prendono nel corso dell'esistenza e dalle azioni che si compiono nell'ordinario.

Certo è che in ogni istante sia possibile scegliere come affrontare ciò che la vita pone di fronte, esponendoci a rischi o evitandoli. Il libero arbitrio, un concetto di origine filosofico-teologica, si basa proprio sulla nozione secondo cui le scelte che si prendono nella vita abbiano origine nella persona stessa e non derivano da agenti esterni.

Da questo punto di vista, all'essere umano viene restituita la sensazione di pieno controllo sulla propria esistenza sul tempo; giacché la libertà di scelta apre a infiniti scenari e ripristina all'uomo la fiducia nelle proprie capacità, permettendo di vivere un'esistenza unicamente dettata dalle proprie decisioni.

Il destino è da considerarsi un che di insito a noi,

corrispondente alla parte più pura dell'Io, priva di pregiudizi e preconcetti, e non un'invisibile forza che dall'esterno ci plasma e guida nelle più disparate situazioni.

Attraverso una visuale priva di ostacoli si viene indirizzati verso un percorso di scoperta del Sé autentico, al fine di individuare e realizzare il proprio scopo su questo piano d'esistenza.

La realizzazione spirituale è difatti il punto d'arrivo dell'esistenza e del destino dell'essere umano.

In quel disegno personalizzato e privo di errori, si viene orientati verso esperienze che gradualmente espandono la propria coscienza e avvicinano ad una maggiore sensibilità morale.

L'intuito e la saggezza interiore si dimostrano essere utili strumenti nell'indagine della verità ultima, benché essi non debbano essere considerati "formule per il successo"; infatti, affinché il destino si compia, è fondamentale che si trasformi la propria l'energia psichica in azione.

Sebbene vivere esclusivamente di esperienze positive sia ideale, è proprio attraverso quelle negative che si acquisiscono gli strumenti per approfondire ed espandere la propria intelligenza emotiva, così come la capacità decisionale e d'azione nelle situazioni più disparate.

Ciò significa che, al posto di alzare bandiera bianca ogniqualvolta qualcosa non segue un copione prestabilito, si dovrebbe temprare la mente alla resilienza e ad affrontare le situazioni avverse.

Tutto ciò richiede quelli che definisco "atti di fiducia": il rinunciare all'iper controllo e all'atteggiamento di repulsione, critica o disapprovazione, per favorire schemi di comportamento ponderati.

Senza rendersene conto, difatti, la negatività insita allo scetticismo e al criticismo, ostacola il pieno attuarsi del destino.

Distanziandosi dalle pressioni esercitate dall'Ego, la parte razionale del proprio Essere legata alla sfera delle pulsioni e delle esigenze sociali, sebbene si navighi in un mare di incognite, si apriranno vedute più positive sull'esistenza.

Accogliere il fato come un piano benevolo e ricompensatore comporta il ridimensionamento delle proprie aspettative e l'indirizzamento delle energie mentali verso il raggiungimento della pace interiore.

La Spiritualità, a tal riguardo, fa dell'ignoto oggetto di studio e profonde riflessioni, tra le quali spicca la teoria reincarnazionista, secondo la quale tutto ciò che avviene nell'oceano dell'esistenza viene regolato da inevitabili leggi di causa-effetto: Karma, e Samsara (ciclo di nascita-morte-rinascita), per mezzo delle quali ciascun individuo raccoglie i frutti delle proprie azioni.

Questa dinamica chiaramente delinea quanto il presente sia il risultato di scelte passate, così come in egual modo il futuro sia influenzato dalle decisioni e dalla condotta presente.

L'ascetismo trova fertile terreno in chi cerca una risposta all'ignoto che ne esorcizzi la paura.

In opposizione alla Spiritualità, non misurabile, né osservabile, né ripetibile, basata su una conoscenza che trascende il livello della coscienza; vi è la Scienza, i cui argomenti sono basati sui risultati di osservazioni e esperimenti.

Di fronte alla domanda: «Esiste il destino?» la Scienza, tuttavia, similmente alla Spiritualità, suggerisce che ogni cosa sia l'effetto di una causa che l'ha precedentemente prodotto. Questo fenomeno, la cui progressione è definibile: "catena deterministica dei rapporti causa-effetto", stabilisce che sia scientificamente impensabile che qualcosa sia frutto del caso. Per la Scienza, infatti, credere nell'esistenza di una forma di casualità o predestinazione lontana dalla logica della causa-effetto equivale ad ignorare la causa che ha originato quel determinato esito.

La Spiritualità, al contrario, è retta sul principio che tutto origini da un Principio Creatore, e venga successivamente "disciplinato" da uno Regolatore; nulla quindi è frutto del caso, bensì risultato di una legge cosmica che regola l'intero universo secondo un ordine sconosciuto.

Nascere introversi o estroversi, crescere in periferia o in città, sposarsi o non sposarsi affatto, essere persone dalla mentalità artistica o analitica, ecc. non sono eventi casuali ma parte di un piano prestabilito che si rivela all'individuo solamente attraverso il vivere le esperienze assegnategli alla nascita.

La *fisica quantistica*, altrimenti detta meccanica quantistica, potrebbe definirsi il punto d'incontro tra la Scienza e la Spiritualità, in quanto analizza e descrive il comportamento della materia a livello atomico e subatomico. Essa differisce dalla fisica classica in quanto vede l'interazione tra materia e radiazione sia come fenomeni ondulatori che particellari. Essa quindi prende sotto analisi il reale non sottostando alle leggi deterministiche delle quali la Scienza fa uso per determinare e descrivere ciò che definisce la materia.

Grazie alla fisica quantistica abbiamo preso coscienza che oltre alla "macro realtà" del mondo che ci circonda, esistono altrettante "micro realtà" impercettibili a occhio nudo.

Il tempo, sebbene nell'ambito della fisica quantistica non esista se non nel dominio della materia, è stabilito essere una dimensione della coscienza che organizza gli eventi in successione. Conseguentemente, la causa e l'effetto di una determinata azione avvengono in contemporanea, giacché il tempo all'infuori della materia non esiste se non in potenza.

Dato che ogni possibile causa possiede in potenza un effetto, conseguentemente, tutto ciò che accade nella nostra esistenza non è altro che la rivelazione di ciò che già era preesistente nell'Essere.

Immagina di stare percorrendo una strada camminando all'indietro, dando quindi le spalle alla meta. Sebbene tu possa vedere solamente la distanza che hai già percorso e non conosca il cammino da intraprendere per giungere alla destinazione prefissata, esso esiste già, rimane ignoto solamente perché stai guardando nella direzione opposta.

Possiamo allora supporre che esista una forma di predestinazione?

Se si ragiona sul piano spirituale e metafisico, sì, in quanto il divenire non è un qualcosa di esterno all'Essere e che si subisce, bensì un insieme di eventi e circostanze esistenti in potenza nell'Io.

Per abbracciare il proprio destino è in primo luogo necessario allentare la presa dall'iper-controllo, sempre più parte della propria esperienza individuale.

Avere l'ambizione di dominare gli eventi è controproducente e irrealistico, in quanto, in vero, non è possibile regolare nulla che non sia frutto delle proprie azioni e/o dei propri pensieri; ciononostante, la sensazione di frustrazione che seguirà la realizzazione di non poter avere controllo sui fattori esterni al proprio Io, chiuderà in un vortice di insoddisfazione e demoralizzazione.

L'iper-controllo, spesso scambiato come l'altra faccia del perfezionismo, alimenta la psiche con un illusorio e temporaneo sentire di controllo sulla propria esistenza.

L'arte del "saper dosare le proprie esperienze", al contrario, non costringe la mente in calcoli di probabilità, né forza un disegno infinitamente più grande e potente del proprio Ego, bensì espande il proprio intelletto aiutando ad osservare e correggere le proprie azioni ove necessario.

La linea che divide il sano controllo dall'iper-controllo può talvolta essere molto sottile, per questo motivo per riuscire ad individuare da che parte l'ago della bilancia penda maggiormente, è doveroso riflettere sulle proprie azioni e intenzioni con onestà.

Stiamo recitando la parte in una recita, e forzando gli altri ad unirsi a noi, oppure stiamo vivendo l'attimo presente nella sua unicità?

Se la risposta risulta essere focalizzata sulla prima parte della domanda, bisognerebbe fermarsi a riflettere sulle forzature applicate alla propria persona e sull'esistenza di per sé; ogni successo "calcolato" è effimero e, finito l'effetto dell'adrenalina che esso porta in sé al momento della rivelazione, si verrà sopraffatti da un sentire di malinconia nello scoprire di aver forzato il fluire degli avvenimenti.

Se è vero che la vita sia il risultato della somma delle proprie scelte, è altresì vero che abbiamo una visione limitata del percorso che ciascuno è predestinato a intraprendere.

Per quanto ci si sforzi nel progettare la propria vita, lo si può fare soltanto in parte, in quanto ciò che giace nel regno della percezione è solamente una minima parte della realtà dell'esistenza.

Anche se non ne siamo del tutto consapevoli, ogni esperienza che viviamo e ogni persona che incontriamo nella nostra vita non sono casuali bensì a loro insaputa, fungono da utili maestri nel temprare il nostro spirito ed espandere la nostra mente a più vasti orizzonti che in altro modo sarebbero rimasti inesplorati.

Al fine di tentare di decifrare il proprio destino, la mente e l'Io interiore devono essere in armonia, cosicché non sia il solo freddo raziocinio a guidare nelle proprie scelte.

Non esistono esiti certi, essi infatti potranno soddisfare le proprie aspettative o discostarsi dalla volontà conscia; quando questo accade non significa necessariamente che abbiamo sabotato i nostri stessi piani, bensì che ciò che abbiamo desiderato può non aver coinciso con il nostro massimo bene.

Abbracciare l'esistenza di un destino significa quindi accogliere la consapevolezza che insita al nostro

Essere esista una forma d'intelligenza spirituale che permette di agire in armonia con la propria pace interiore ed esteriore.

Adoro il momento in cui tutto attorno a me si fa silenzio e a fare da sottofondo vi è solamente il ritmo del respiro, soprattutto dopo essere stata immersa in una lunga giornata di rumori.

Adoro la sera distendere le articolazioni e scioglierne l'indolenzimento, come se avessi partecipato ad una lunga maratona.

Adoro lasciarmi cadere su un letto di cuscini ad attutire il colpo, chiudere gli occhi, porre attenzione sul respiro e rilassare la mente.

Ultimamente ho riscoperto l'importanza della meditazione nel cercare di dare risposta ai dilemmi legati all'ignoto. Meditare, difatti, potrebbe definirsi un viaggio di esplorazione verso tutto ciò che è incognito, sia esso legato alla natura dell'esistenza di per sé, oppure al proprio scopo su questo piano esistenziale.

Nel momento in cui ci soffermiamo sull'attimo presente e ci discostiamo dal freddo giudizio della ragione, il nostro Io interiore è libero da alcune delle barriere che limitano l'analisi di ciò che appartiene alla dimensione spirituale:

❖ Il materialismo;

❖ Qualsiasi concetto impersonale di giusto e di sbagliato;

❖ La bramosia di risposte immediate a quesiti complessi e, talvolta, lontani da ogni logica.

Ciò può accadere se per un attimo lasciamo in secondo piano il ragionamento razionale e l'innato istinto di azione e reazione che ci pervade nelle più disparate situazioni.

Gradualmente dissociandosi dalla necessità di controllo di ciò che si è e ciò che accade nella propria vita, lasceremo spazio alla capacità di riflessione, osservando tutto con rinnovato stupore.

Immagina di essere disteso su una sdraio in riva al mare. È notte inoltrata, lo sciabordio delle onde che si infrangono contro gli scogli spezza il silenzio. Sollevi lo sguardo e vieni rapito dalla bellezza delle stelle che brillano nel buio del cielo. In quell'attimo dalle parvenze dell'infinito vieni trasportato in una dimensione atemporale in cui tutto sfuma se non l'emozione del momento che stai vivendo.

Lo stesso livello di contemplazione viene applicato nella meditazione. Difatti, nel momento in cui focalizziamo la nostra attenzione sul nostro sentire interiore, siamo in grado di sentire in modo amplificato suoni, odori, sensazioni, e stati d'animo.

Il risultato di una sessione di meditazione potrebbe essere paragonato ad un'opera d'arte esposta in esclusiva per chi ha la vista tanto acuta da riuscire ad osservarne i più minuscoli particolari.

La sua composizione e i soggetti rappresentati in essa non sono mai uguali ma mutano col cambiare della percezione che si ha di noi stessi, degli altri, e della vita stessa.

Il pensiero, nella ricerca di uno stato di quiete interiore, può assumere le sembianze sia di saggio consigliere, sia di freno inibitore.

Quelli che vengono definiti "pensieri intrusivi" sono idee o immagini psichiche che si caratterizzano per la loro natura talvolta insolita e ripetitiva.

Sebbene di origine negativa, se posti sotto analisi possono fungere da utili indizi per smascherare schemi di pensiero e/o di comportamento ossessivi.

I pensieri intrusivi fortemente ancorati alla psiche, tuttavia, alterano l'immagine che abbiamo di noi stessi, mentre noi viviamo inconsci questa transizione di percezione.

Essendo essi spesso originati da una stessa fonte, o aventi uguale contenuto, la loro presenza nella nostra mente conforta, in quanto essi rappresentano in modo inconscio realtà ben consolidate, così come limita e impedisce di viaggiare verso l'inesplorato, lasciandoci ancorati a vecchi schemi di pensiero e convinzioni.

Nella pratica della meditazione, al contrario, al fine di raggiungere lo stato di connessione con il proprio Io è di rilevante importanza slegarsi da qualsiasi forma di pensiero al fine ultimo di entrare in uno stato di equilibrio interiore.

Meditando si acquisisce la capacità di riconoscere la natura inconsistente dei propri pensieri intrusivi, imparando ad identificarli nel momento in cui insorgono, impedendo che si sviluppino in modo discorsivo, e che limitino l'abilità di esplorare l'ignoto che è nascosta in potenza in noi.

Il meditare si dimostra quindi essere un utile esercizio per temprare la mente e far sì che essa rimanga in uno stato di equilibrio nella tensione tra le due polarità dell'ignoto e del conosciuto.

La bellezza della meditazione è proprio insita nella suo segreto amore per tutto ciò che è nascosto alla vista e appartiene a dimensioni oltre quella fisica

05

L'AMORE

05

Sentire i nostri sorrisi sfiorarsi
In un abbraccio di sentimenti.

D a sempre sostengo che l'amore sia un sentimento universale che non conosce orientamento sessuale, etnia o ceto sociale. Esso è l'incontro tra due animi affini che trovano in quell'unione il profondo significato dell'amare e del sentirsi amati.

L'amore come linfa vitale di ogni essere è puro sentimento che non conosce limiti né categorizzazioni: è fluire di emozioni, sensazioni, vissuti.

Esso può essere romantico, amichevole, familiare, gay, lesbo, bisessuale... Sono così tante le sue sfumature da non poter essere definito in un unico concetto.

L'amore è.

Oggi (e ogni giorno) bisogna celebrare il diritto di amare con passione, chiunque il cuore associ al sentimento.

Non esistono "normalità" o "anormalità" ma solamente individui e un sentimento universalmente condiviso: l'Amore.

L'amore non è né atto né parola, è sentimento la quale valenza va oltre l'esprimersi umano: non è possibile racchiuderlo in un'unica definizione: è puro flusso di emozioni e di "inspiegabile".

La società moderna ci ha portati a pensare a compartimenti stagni, racchiudendo in categorie modi di pensare, essere e interagire con gli altri.

In ambito relazionale ciò che determina la natura di un rapporto è la tipologia di attrazione e il legame emotivo che intercorre tra i protagonisti del sentimento che li unisce; è proprio questo che determina sotto quale luce vedere chi ci sta di fronte e se leggere una determinata situazione in chiave romantica o amichevole.

Le tipologie di attrazione in totale sono sei: le prime tre sono legate alla dimensione fisica, mentre le restanti tre a quella emotiva.

Riguardanti la sfera fisica troviamo:

1. **Attrazione estetica**: è la tipologia di attrazione verso uno o più individui che porta ad apprezzarne le qualità estetiche, quali ad esempio l'aspetto fisico, l'atteggiamento o il portamento. Questo tipo di attrazione è all'origine del desiderio di continuare ad osservare la persona destinataria delle proprie attenzioni, come se ci si ritrovasse di fronte a un suggestivo tramonto e se ne volessero contemplare le sfumature.

2. **Attrazione sensuale**: è una sottocategoria dell'attrazione sessuale, con la sola differenza che questa tipologia di attrazione fisica si traduce nel desiderio di un qualsiasi contatto fisico senza fini sessuali. Alcuni esempi di attrazione sensuale possono essere: il desiderio di tenersi per mano, baciarsi, abbracciarsi, etc.

   Sebbene la linea di separazione tra attrazione sensuale e sessuale sia minima, ciò che le differenzia è l'intenzionalità del gesto.

3. **Attrazione sessuale**: si può descrivere come un'insieme di sensazioni fisiche e stimoli psicologici che portano un individuo a riconoscere uno o più persone sessualmente desiderabili.

   In questa tipologia d'attrazione, oltre alla componente fisica vi è la componente emotiva, che arricchisce con la purezza del sentimento la carnalità dell'impulso sessuale.

Legate alle sfera affettiva, invece, troviamo le seguenti tipologie d'attrazione:

1. **Attrazione platonica**: è il desiderio di instaurare una profonda amicizia con coloro con i quali si è instaurata un'unica affinità elettiva. Quest'ultima può essere primaria, traducibile nel sentire di totale comprensione fin dai primi dialoghi, oppure secondaria, risultato di una più dettagliata conoscenza. Ciò che nasce da questa unione viene definito "amore platonico", ovvero un legame privo della componente romantica usualmente associata al sentimento d'amore.

2. **Attrazione romantica**: corrisponde al sentire che spinge un individuo a voler instaurare una rapporto

intenso e finalizzato ad una relazione amorosa.

3. **Attrazione alterous**: è un termine che ha radici nella lingua Inglese e trova ampia espressione nella comunità asessuale (di cui fanno parte coloro che non provano attrazione fisica/sessuale verso alcun genere), e in quella aromantica (che comprende coloro in cui l'attrazione romantica nei confronti di altri individui è totalmente assente o presente in modo parziale).

L'attrazione alterous è caratterizzata dal desiderio di instaurare una profonda connessione emotiva con una persona, senza necessariamente avere l'intenzione di instaurare una relazione.

Conseguentemente, in mancanza della componente romantica e relazionale, questa tipologia di attrazione si trova a metà tra quella romantica e platonica.

Sebbene per ciascun tipo di attrazione possano esistere distinte tipologie di individui che le manifestano, non è detto che, ad esempio, una persona eterosessuale non possa provare attrazione sensuale o estetica verso individui del proprio stesso sesso.

Benché quella estetica, romantica e sessuale siano le tipologie di attrazione più diffuse e caratteristiche della maggioranza delle relazioni, ciò non sottintende che siano le più vere e universalmente caratterizzanti ogni relazione, così come non sia da escludere la possibilità di provare anche altri tipi di attrazione nel corso della vita.

Risulta quindi essere naturale che non tutte le persone sperimentino le sei tipologie d'attrazione, come non è da escludersi la possibilità che queste ultime combaciano tra loro, creando confusione in merito all'origine dell'emozione o sentimento provato in quel determinato momento.

Quando si abbraccia il proprio partner, ad esempio, sebbene in verità non ce lo si domandi, risulta essere complesso distinguere se il contatto fisico in quel determinato momento sia frutto dell'attrazione romantica, estetica, sensuale, sessuale, platonica o alterous.

Abbracciare una persona amata è un dolce atto impulsivo di cui raramente ne domandiamo le origini, nonostante in chiave psicologica e filosofica esistano diverse sfumature legate a quel semplice gesto d'affetto.

Quando si parla del sentimento d'amore bisogna fare distinzione tra tre principali fasi: l'infatuazione, l'innamoramento e l'amore duraturo.

L'infatuazione è la dimensione della scoperta dell'altro, dell'attrazione fisica, chimica e delle affinità elettive.

In questa fase iniziale l'inconscio suggerisce di esporre i propri lati e le proprie qualità migliori e di nascondere il più possibile i propri lati negativi.

L'innato desiderio di piacere agli occhi dell'altra persona fa sì che si mettano inconsapevolmente in atto comportamenti a specchio, il cui scopo primario è quello di agevolare la creazione di un clima di scambio emotivo.

Vi è mai capitato, per esempio, di passarvi una mano nei capelli nello stesso preciso istante in cui la persona di fronte a voi lo stesse facendo?

Nonostante possa essere vista come pura casualità, nella comunicazione non verbale il sincronismo cela in sé in realtà tre principali aspetti/richieste:

1. Il desiderio di essere accettati;

2. La voglia di complicità;

3. La speranza di essere sentimentalmente corrisposti.

Nella prima fase della frequentazione si può facilmente cadere nell'idealizzazione che ricopre il proprio compagno con la dorata patina della perfezione.

Non vedono visti quindi null'altro che lati positivi e meravigliosi, talenti innati, carisma e fascino... Un vero e proprio sogno ad occhi aperti.

Le somiglianze vengono amplificate, le differenze minimizzate, e l'affinità di coppia fiorisce nell'ardente desiderio di conoscere i desideri ed interessi dell'altro.

Ciononostante, questo comune scambio di passioni intellettuali, se ben gestito, può dar nascita ad impensati hobby e arricchire il proprio bagaglio culturale.

Sebbene l'inconscio spesso ci diriga verso individui dalla personalità complementare alla nostra, l'incontro tra due modi d'essere opposti può dar vita ad un interessante scambio di vedute, contribuendo ad una positiva integrazione del sé.

In questa nuova ed entusiasmante esperienza, tuttavia, esiste la possibilità di sviluppare un "effetto collaterale": la codipendenza, una condizione psicologica in cui un individuo diventa psicologicamente dipendente dal partner.

Compiacere l'altro diventa la primaria fonte di benessere personale; la propria capacità decisionale gradualmente diminuisce per arrendersi al volere altrui; le emozioni, la sfera più intima ed individuale, perdono la loro singolarità e unicità per fare da specchio a quelle del partner; l'esclusività del rapporto diventa morbosa e viene espressa in un intimidatorio: "mio/a", anticamera della paura dell'abbandono e, conseguentemente, dello svanire della propria identità.

Solitamente questa fase dura pochi mesi prima di eventualmente sfumare e dissolversi. Oltre questo periodo quella condivisione dell'Essere, dapprima romanzata, diventa dunque fonte di angoscia e ansia da separazione, trasformando un sano inizio di relazione in simbiosi: la scomparsa dell'Io.

Un'altra importante distinzione da fare in ambito sentimentale, sebbene venga spesso ritenuta irrilevante, è quella tra l'esperienza iniziale dell'innamorarsi e l'amore duraturo.

Il momento in cui si abbassano le proprie difese e ci si avvicina all'altro è uno dei più emozionanti che una persona possa mai provare, soprattutto se ha vissuto parte della propria vita "in solitaria".

Sebbene non di rado si faccia coincidere l'innamorarsi con l'inizio di un legame duraturo, nulla ne garantisce l'eterna durata. Al contrario, una relazione iniziata sulle basi dell'attrazione estetica o sessuale è frequentemente destinata a vita breve.

Sbiadita la patina dorata di cui entrambi gli innamorati erano cosparsi, il senso di scoperta dell'altro va via via scemando, l'intimità assume gradualmente i toni della monotonia e le differenze di carattere trascinano in un vortice di screzi che spengono la fiamma.

Eppure, sin dai primi sguardi si naviga nell'irrealistica sicurezza che nulla possa mai indebolire quella chimica e, soprattutto, che non vi sia nulla da imparare in materia d'amore.

Scambiare l'affinità fisica per la prova dell'intensità di un legame affettivo non solo è illusorio, bensì spesso origine della confusione tra la necessità di colmare un vuoto esistenziale e la reale intensità dei propri sentimenti verso tal individuo.

Come i più grandi pensatori insegnano, infatti, per essere in grado di amare un'altra persona bisogna innanzitutto amare sé stessi. Qualora ciò scarseggi, prima di aprire noi stessi all'eventualità di una relazione, sarebbe d'uopo imparare a riconoscere i meccanismi disfunzionali del proprio Io interiore in relazione ai bisogni, ai timori e "necessità".

D'incommensurabile importanza è anche il riflettere sull'innato egoismo, più o meno accentuato, che si cela nell'Ego e si rivela nelle occasioni in cui può trarne vantaggio.

Nel momento in cui l'individualismo emerge, difatti, qualsiasi forma di genuino interesse verso l'altro va pian piano sfumando, per favorire schemi di pensiero e comportamento volti quasi esclusivamente alla realizzazione dell'egotismo dell'Essere.

Le relazioni vengono dunque viste come tramite per soddisfare i propri bisogni, dando trascurabile importanza al sentire ed al punto di vista altrui, andando così a macchiare l'originaria purezza del sentimento d'amore, così come il rispetto verso chi a parole si dica di amare.

L'amore non è unicamente la condivisione di un sentimento, è prima di tutto un orientamento della personalità che determina il modo in cui ci si rapporta con gli altri e non esclusivamente con il proprio partner.

Invero, se un individuo è interessato esclusivamente alla propria persona e al partner, ed è indifferente nei confronti di chiunque altro, quello che si prova non può definirsi amore, bensì un attaccamento simbiotico, in cui l'egotismo è portato all'eccesso.

Il fatto di provare interesse solo nei confronti di colui/ei che si ama, seppure sia di comune credenza, non è misura dell'intensità del proprio sentimento, o della facoltà d'amare in sé.

Il sentimento d'amore, in realtà, così complesso e dalle mille sfaccettature, è la realizzazione, la concentrazione e l'affermazione della capacità insita all'essere umano di mettere la propria intelligenza emotiva a servizio delle persone alle quali si tiene e ai propri simili.

Attraverso l'amore si esprimono le più profonde qualità umane.

Sebbene non sia possibile prevedere il suo fiorire o

appassire, si può però ambire a costruire una relazione emotivamente intelligente, i cui ingredienti principali sono i seguenti:

1. **Reciproca conoscenza**: condividere apertamente il contenuto delle proprie paure e le principali fonti di gioia; ciò che fa sentire a disagio e a proprio agio; aspirazioni e sogni, così come i propri interessi di carattere generale, permetterà di conoscersi più in profondità e darà nascita a nuove affinità elettive.

2. **Evidenziare i lati positivi del rapporto**: soffermandosi sulle compatibilità piuttosto che sulle diversità agevola il costruire una "memoria positiva". Lasciarsi abbandonare a ricordi e aneddoti risalenti agli albori della relazione, così come elencare al proprio partner le sue qualità, sono solamente alcuni dei molti modi in cui è possibile istruire la propria mente a sovrascrivere il senso di rabbia scaturito dai litigi. Dare nuova vita a memorie di tenerezza contribuisce a ravvivare il rapporto.

3. **Condivisione**: in particolar modo nelle coppie che condividono anni di relazione e/o convivono da molto tempo, il fare cose insieme perde un po' dell'emozione che era presente agli albori del

rapporto. Quando l'abitudine si sostituisce all'entusiasmo della complicità, può rivelarsi utile far ricorso a inviti semi formali per suscitare una nuova, reciproca attenzione, e ravvivare l'interesse nella coppia. Non importa se il vostro partner si trovi a un metro di distanza da voi, scrivete un post-it ed appiccicatelo sul suo libro preferito; mandategli un messaggio mentre guarda video di Parkour su internet:

«Ehi, tu, immagina questa scena: me e te in un ristorante non troppo pretenzioso ma "che sa il fatto suo", il cameriere paffutello si avvicina con due vassoi abbelliti da succulenti panini e patatine fritte. In seguito, finito quel saporito e decisamente non sano pranzo, andiamo al parco in città, per sfidare la nostra capacità di stare in equilibrio sulla longboard... Allora, ci incontriamo domattina alle 11:00 in salotto per attuare questo piano perfetto?».

Sebbene possa sembrare sciocco, un messaggio di questo tipo non solo lascerà l'altra persona (moderatamente) perplessa sul perché ci fossimo lanciati in un invito quasi formale, ma farà anche sì che il suo viso serio si addolcisca in un sorriso e, se avete fatto centro, in una risata.

L'inventare nuovi codici di linguaggio e far sentire l'altra persona desiderata è alla base di una sempre maggiore connessione emotiva.

4. **Prendere decisioni condivise** rispettando le altrui opinioni e, ove necessario, scendere a compromessi per raggiungere un comune accordo.

5. **Essere tolleranti**: in qualsiasi rapporto, a maggior ragione in quello amoroso, risolvere i piccoli screzi e ristabilire un equilibrio nella coppia dovrebbe essere una priorità. Instaurare un dialogo aperto e sincero, essere tolleranti nei confronti dei reciproci difetti e dimostrarsi comprensivi, sono i più importanti ingredienti per ripristinare un clima di serenità dopo un litigio.

   La comunicazione verbale ha un forte impatto sui propri e altrui stati emotivi, per questo motivo dovremmo imparare, soprattutto nelle fasi di conflitto, a selezionare e dosare le giuste parole.

6. **Definire le zone di intolleranza**: l'esperienza mi ha insegnato che troppo spesso nella fase iniziale del rapporto si trascuri il dialogo sulle proprie esperienze pregresse e i propri difetti, limitandosi

(quasi esclusivamente) a descrivere i propri lati caratteriali migliori.

Questa omissione che erroneamente si pensa innocua, è in realtà fertile terreno per ipotetici conflitti e blocchi emotivi futuri.

Si dovrebbe normalizzare il parlare delle divergenze, così come già apertamente si parla delle uguaglianze. Esprimere le proprie zone di intolleranza ha valenza terapeutica e aiuta a definire il reale livello di affinità tra i due individui.

Non a caso, quando irrimediabili, sono proprio le incompatibilità a dividere una coppia.

Ecco che i partner si sentono persi in un labirinto la cui via di fuga sembra introvabile. Il blocco emotivo che ne consegue è la chiara espressione che un bisogno primario è venuto a meno; in molti casi esso coincide con la libertà d'esprimere apertamente le proprie opinioni o di comportarsi in armonia con il proprio Io.

Una volta resi espliciti i limiti oltre i quali il benessere interiore viene alterato, si procede con la definizione della zona di tolleranza, di quella del compromesso e, infine, di quella dell'intolleranza.

Questa suddivisione gioverà entrambe le parti, le quali si sentiranno in una relazione aperta alle diversità e alle necessità individuali.

7. **Considerare la relazione come un condiviso percorso di crescita personale**: iniziare una relazione con qualcuno non significa solamente creare momenti condivisi, bensì conoscere parti del Sé che si possono scoprire solamente entrando in contatto con animi affini.

La relazione assume quindi il significato di ricerca interiore e condivisione delle parti più intime dell'Io.

Questo percorso apre a profonde riflessioni sul ruolo che si vuole ricoprire in questa esistenza, sui propri scopi, sogni, e traguardi che si vogliono raggiungere, sia individualmente che in coppia.

L'accogliere questi princìpi non garantisce la buona riuscita di qualsiasi legame sentimentale, tuttavia, se seguiti da entrambi i partner, possono contribuire alla creazione di un clima positivo nel rapporto e a produrre un significativo cambiamento a livello individuale in termini di autostima, senso di accettazione e collaborazione con gli altri.

L'AMORE

L'amore è un'arte, e come tale richiede dedizione, volontà di impararne le caratteristiche e regole.

L'AMORE

IL SOLE D'AUTUNNO

*E*ra un pomeriggio uggioso nel mese di Settembre, di quelli che richiamano una fumante tazza di tè accompagnata da un paio di biscotti (preferibilmente al cocco) per addolcire quel richiamo di malinconia; musica di sottofondo; carta e penna.

"La perfetta immagine dello scrittore" starai pensando, tu, leggendo questa descrizione.

Non potresti che essere più giusto nella tua assunzione.

Tuttavia quello non sarebbe stato lo sfondo della mia giornata.

L'orologio segnava mezzogiorno e sebbene l'appuntamento fosse verso le 15:30, ero già all'opera coi preparativi.

Avevo scelto un look poco appariscente: un paio di jeans blu, un maglione azzurro di cotone, e una leggera giacca color celeste.

Un velo di trucco con delle sfumature blu non poteva che accompagnare, giusto?

Un tocco di rosa sulle guance ad attenuare il pallido incarnato, ed ero pronta ad affrontare quell'appuntamento che già avevo rimandato un paio di volte.

Tic-tac, tic-tac, tic-tac! Il tempo sembrava aver accelerato il suo passo ed in un istante erano già le 15:00.

Il viso si stropicciava in un incontenibile sorriso mentre le mani avevano iniziato leggermente a tremare per l'agitazione.

La mia emotività stava prendendo il sopravvento e lentamente sentivo il mio corpo irrigidirsi, quasi come a voler ancorarmi al terreno.

Lo ammetto, elevata era la tentazione di rimandare l'incontro per l'ennesima volta ma avevo deciso di uscire dalla mia zona di agio.

Così, con incredibile ritardo, (soprattutto causato

dalla mancanza di parcheggio), ero arrivata a destinazione.

"Sarà ancora lì?" questo l'unico pensiero che martellava nella mia mente.

Senza occhiali la vista può giocare brutti scherzi ma anche a quattro metri di distanza l'avevo già riconosciuta.

Lei, Charlize, in mezzo alla piazza, con le sue gambe slanciate avvolte in un paio di jeans scuri, una camicia bordeaux a fantasia, una giacca di pelle nera, e una borsa tracolla di cuoio marrone scuro.

Le sue braccia erano intrecciate e la schiena perfettamente dritta. L'espressione sul suo viso, dapprima seria, si era addolcita in un simpatico sorriso vedendomi arrivare.

Ho da sempre trovato affascinante il linguaggio del corpo e mai come in simile situazione era giunto il tempo di mettere in pratica gli insegnamenti appresi.

Ricordo che mi stava parlando della sua giornata trascorsa in università sebbene, a dire il vero, non stavo prestando molto ascolto alle sue parole; il suo corpo però parlava ad un volume maggiore ed io non potevo fare che leggerlo con attenzione.

Non potevo far altro che notare quelli che poi nel tempo avrei capito essere suoi tratti distintivi quando era presa da intense emozioni; gesti quasi impercettibili ma nella loro essenza unici: il tono di voce abbassarsi ed il volume ridursi quasi ad un sussurro; lo sguardo rivolgersi verso il basso per una frazione di tempo infinitesimale; la gamba destra dondolare nervosamente. E le sue mani... Le sue mani danzavano con qualsiasi cosa fosse alla loro portata: scontrini, pezzi di carta, la bustina di zucchero del caffè, la tracolla della borsa.

In situazioni di agitazione era solita inarcare le spalle o sfiorarsi il braccio sinistro, quasi a rassicurarsi.

La mia lettura tanto approfondita l'aveva sinceramente stupita, facendole conoscere aspetti di sé di cui nemmeno lei era a conoscenza e che nessuno mai prima d'allora aveva notato.

Mentre ci incamminavamo verso il lungolago aveva iniziato a piovere, annullando i miei piani iniziali di una suggestiva passeggiata al tramonto. Si sa, il romanticismo è l'arma segreta dei timidi introversi.

Avevo così deciso di portarla a bere un caffè a un bar dal clima intimo e rilassante, situato al piano superiore di uno dei centri commerciali della mia città.

«Due caffè, grazie».

Mentre ordinava da bere non potevo far altro che notare la sicurezza nella sua voce e lo sguardo fiero nel rivolgersi al barista. Io invece, a quei tempi, arrancavo e inciampavo nei miei goffi tentativi di estroversione, sempre culminanti in eclatanti figuracce.

Fu proprio quella sua capacità di plasmarsi e adattarsi ad ogni situazione e persona a stimolare la mia mente e dilatare le mie pupille in un momento di contemplazione estatica.

Charlize addolciva il suo caffè con due cucchiaini di zucchero, per smorzare l'intensa amarezza delle disavventure che talvolta ostacolavano il suo eterno vagare in direzione ostinata e contraria.

Io, invece, bevevo quel nettare nero amaro per assaporarne ancor di più il suo autentico aroma.

Il chiacchiericcio di sottofondo si attutiva ogniqualvolta lei si rivolgeva a me, per poi farsi sussurro scandito dal mio lento respirare.

Lo spazio attorno a noi perdeva le originali tonalità per lasciare che fosse lei il più vivace dei colori esistenti.

La distanza tra i nostri corpi si era fatta memoria, scottando le pallide guance arrossite da un bambinesco imbarazzo.

La tensione si poteva tagliare con il coltello mentre nel suo sguardo iniziavo a intravedere le sue insicurezze gridare: «Scegli me».

In quell'istante dalle parvenze dell'infinito, così malinconico, silenzioso, straziante, avevo riconosciuto la parte più fragile di me stessa. Mentre lei cercava nei miei occhi una risposta, avevo notato il suo sorriso abbandonarsi all'ignoto; la sua fronte corrucciarsi e tra le rughe raccogliere tutti i suoi dubbi; il braccio sinistro accarezzare la spalla destra a protezione da un invisibile nemico.

Mentre ero intenta a colmare gli attimi di silenzio per cercare di ridurre al minimo quella sensazione di inadeguatezza che la attanagliava, ad ogni mia più piccola attenzione nei suoi confronti, lei rinasceva alla vita. In quel preciso istante avevo realizzato che non esisteva alcun filtro che potesse impedire all'una di leggere l'altra senza proferire parola.

L'istantanea alchimia fra di noi era dolce e prezioso

nettare.

L'aspetto che maggiormente mi aveva colpito di lei era la malinconia nei suoi occhi color ambra.

In attimi dalla parvenza dell'infinito, lei sembrava perdersi.

Il suo viso diventava d'improvviso serio, il suo sguardo profondo, magnetico, come se per lei non esistesse null'altro che quell'istante. Queste le lenti attraverso cui osservava ciò che la circondava: il vertice degli edifici; una particolare tonalità di colore; un'opera d'arte; e, a volte, me.

Come scarica elettrica quel suo guardarmi mi lasciava pietrificata, disarmata, stregata, in quella sua silenziosa lettura del mio Essere.

In questi giorni leggevo che il fulmine è un fenomeno atmosferico che si instaura tra due corpi con elevata differenza di potenziale elettrico, e che nasce dal rapido passaggio di scariche elettriche di grandi dimensioni.

Non avrei potuto scegliere metafora migliore: io e lei, così differenti, nei momenti di intensità emozionale facevamo scintille attraverso il guardarci negli occhi.

Tuttavia, il fulmine è un fenomeno sì di elevata

intensità ma temporaneo.

E così, eventualmente, quella scarica elettrica ad intermittenza ha cessato d'essere. La figura di Charlize era diventata inconsistente, impalpabile, come l'aria.

Leggera brezza nei giorni di sole splendente; bufera di vento in quelli di tempesta.

La sua invisibile presenza tutto avvolgeva ed animava, in un silenzio profondo, a volte chiassoso nel sentire.

Oltre all'aria, Charlize a volte mi ricordava il mare.

Quell'immensa distesa d'acqua, a tratti calma, a tratti movimentata, caratterizzata dalla sicurezza della riva e dal mistero del largo. Quando ci si immerge in quelle acque cambiano la percezione del proprio corpo, le sensazioni e persino i pensieri.

Con entusiasmo mi tuffavo provando un senso di pace interiore, quando nuotavo verso il largo, tutt'a un tratto, venivo sorpresa da un pungente senso di timore.

Nulla però equivaleva a quella scarica d'adrenalina che faceva sentire vivi, facendomi realizzare che non esiste nulla di più bello dell'acqua del mare che avvolge, purifica e fa rinascere.

Così mi sentivo spesso.

Quattro anni fa scrivevo:

"Resterò seduta qui, al tuo fianco, finché il nostro sguardo percorrerà lo stesso orizzonte e, se partirai, seguirò i tuoi passi finché non mi dirai di andarmene.

Solamente allora me ne andrò ma sarai in ogni mio battito di cuore, e nella tua assenza l'immobilità del tempo cristallizzerà i pensieri, riflessi della tua immagine."

Così mi sono ritrovata a Cambridge, il mio punto di non ritorno, una città dal clima secco, spesso ventosa, e che senza chiedermi il permesso talvolta si diverte a far emergere ricordi o sensazioni ormai appartenenti ad un passato remoto.

Se la mente è razionalità, il sentimento è irrazionalità: per quanto si cerchi di evitare un determinato pensiero, il sentire lo rinnova con puntualità, attraverso una veduta d'insieme meno romanzata ma non per questo priva affetto.

In questo universo retto dal caos dove ogni cosa è in continuo divenire, non sempre il sentimento verso una persona trova coronamento. Ci si può così ritrovare a fare di un passo a due un improvvisato valzer solitario. Nonostante ciò quel sentimento d'amore o profondo affetto qualsivoglia non deve necessariamente "morire", anzi, esso può assumere nuove sfumature.

Ciò che Charlize mi ha insegnato semplicemente essendo se stessa, è il prezioso valore della comprensione e del cambiamento. Nel momento in cui in noi nasce il desiderio di arrotondare i vertici spigolosi del nostro carattere, celebriamo la vita sotto le lenti del cambiamento.

Io, ad esempio, dalla personalità pungente come gli aculei di un riccio, e dalla testardaggine di un mulo, mai avrei pensato che qualcuno avrebbe ispirato in me l'apertura verso un'onesta, imparziale, e talvolta inclemente, lettura del mio Io interiore, agevolando il superamento dei miei limiti.

Prima di conoscere Charlize ero convinta amare qualcuno fosse unicamente sinonimo di appartenenza e condivisione, non potevo sbagliarmi maggiormente; la predisposizione ad un sano cambiamento; il volere l'altrui bene incondizionatamente; così come il celebrare l'unicità e l'individualità di ciascuno, sono gli ingredienti principali per un affetto che sfida le leggi del tempo.

L'amore nella sua più intima essenza non ha genere,

forma o nome, semplicemente è, ed in quell'essere trova espressione la parte più fragile e nuda del nostro Io interiore: l'emotività.

L'amore non sono dei capelli castani, neri, biondi o rossi; una linea longilinea, armoniosa o formosa; degli occhi color ambra, verdi, grigi, o azzurri. L'amore è il sentimento che il pensiero trasporta; è l'accelerare del battito del cuore ed il tremare lieve delle mani.

Non è forse questo quello che con speranza andiamo cercando negli incontri che facciamo nella nostra esistenza, e che risulta così raro (talvolta quasi impossibile) da (ri)trovare?

Se accogliessimo tale pensiero, con facilità ci renderemmo conto che la maggior parte delle relazioni moderne sfiorisce sul nascere a causa della mancanza di un sentimento sincero.

L'amore non si trova in vendita sugli scaffali, esposto in vetrina, e nemmeno su sofisticate riviste che si vantano di elargire "lezioni di vita in amore"...

Tantomeno nelle applicazioni di incontri tanto gettonate tra i giovani.

L'amore è un fluire di sentimenti e se, ad un appuntamento, non è il cuore a dettare le parole che si esprimono, bensì la mente, quella che si è trovata non è null'altro che una piacevole conoscenza.

Io, e qui lo sottolineo, non voglio aver la presunzione di dire di aver appreso come si ami, posso però affermare di aver conosciuto e provato il più puro e profondo amore che mai più sono stata in grado di trovare.

Se la nostra esistenza fosse retta dalla certezza prenderemmo tutto per scontato, quando in realtà dovremmo guardare alla realtà in controluce, come un qualcosa che ci appartiene e ci sfugge.

Il sentire di appartenenza ci ancora al nostro bisogno di sicurezza mentre la precarietà ci abbandona alla realtà del qui ed ora, incitandoci a vivere ogni attimo come se fosse l'ultimo.

L'AMORE

Se potessi essere musica sarei un accordo dissonante;

Se potessi essere parole sarei il punto alla fine di una frase;

Se potessi essere qualcun altro rimarrei comunque me stessa.

Perché nessuna forma di perfezione potrà mai donare la

felicità.

Tranne una,

L'amore.

06

S E N T I M E N T I
(I R) R I S O L T I

06

La mente appesantire i passi,
Agli angoli delle tue labbra malinconia addormentata.

I sentimenti e le emozioni, anticamera della sensibilità e della vulnerabilità, sono le più potenti forme di energia che fluiscono nel nostro Essere.

Svestirsi delle maschere che l'Io indossa a protezione dal mondo esterno equivale ad esporre la propria persona al giudizio (o pre-giudizio) altrui, mostrando la nudità dei propri sentimenti in tutto il loro fragile splendore.

La consapevolezza di sé è essenziale per vivere le emozioni e i sentimenti in piena lucidità, fungendo da filtro che distingue l'idealizzazione, la "fase adolescenziale" dell'amore, dall'innamoramento, la prima età adulta dei sentimenti.

La consapevolezza non è solamente la chiave di volta che ci permette di dare nome, forma ed espressione a ciò che sentiamo, è prima d'ogni cosa la lente d'ingrandimento attraverso la quale osserviamo e analizziamo il nostro sentire.

Grazie ad essa la soglia d'attenzione verso i mutamenti del cuore e del pensiero si alza drasticamente, permettendoci di sperimentare la contemporaneità in tutte le sue variabili.

Avere coscienza di sé implica il prestare maggiore attenzione al proprio processo del pensiero e linguaggio del corpo in risposta agli stimoli emotivi.

Essere consapevoli di sé stessi, difatti, significa avere controllo sui propri vissuti interiori affinché non dominino la razionalità dell'agire. È proprio (re)agendo in maniera riflessiva ed equilibrata che è possibile instaurare una relazione armoniosa con gli altri e noi stessi.

Questo percorso di crescita interiore dalla durata indefinita, apre a un'esistenza dalle limitate frustrazioni e dalle vedute più positive, così come accentua la capacità di provare compassione verso il prossimo.

Conseguentemente, più comprendiamo noi stessi e rispettiamo i nostri moti interiori, più siamo in grado di accogliere la fragile e preziosa bellezza delle emozioni e sentimenti altrui, nel pieno rispetto delle necessità, volontà e valori personali di entrambi.

L'atto di esprimere i propri sentimenti viene spesso erroneamente scambiato per una forma di egoismo ed eccentricità del sé; si pensi per esempio agli amori adolescenziali (e non solo) in cui dietro alla manifestazione delle proprie emozioni vi è una più o meno timida pretesa di corrispondenza da parte del destinatario di quel sentire. Tuttavia, l'esprimere i propri sentimenti è un importante slancio verso la crescita interiore.

Riconoscere, accettare ed esprimere ciò che si prova è un rinascere alla vita sotto la luce dell'integrità emotiva e della leggerezza dell'Essere; le relazioni interpersonali ne trarranno giovamento e ci si sentirà così maggiormente felici e sicuri di sé.

Tuttavia, soprattutto negli individui dall'emotività e sensibilità accentuate, il timore del venire fraintesi, feriti o esclusi, prende il sopravvento alzando barriere emotive poste a protezione da eventuali circostanze negative. Quella che viene inesattamente considerata un'utile "corazza", nasconde invero l'impossibilità di comunicare apertamente ciò che si prova, indipendentemente dalla natura positiva o negativa del sentimento o emozione.

Gli introversi sono caratterizzati da acuta empatia e intelligenza emotiva, spesso risultato di trascorsi dal forte impatto emozionale.

Un bambino cresciuto in un contesto familiare particolarmente rigido, per esempio, è maggiormente incline a dedicare al parlato argomenti leggeri e neutri, piuttosto che parlare dei propri modi di sentire, spesso invece trascritti su diari o taccuini. Questo perché il clima di intransigenza e imperturbabilità tra le mura di casa ha creato nella mente del bambino l'erronea convinzione che il parlare delle proprie emozioni avrebbe comportato disappunto nei genitori.

Benché la scrittura sia un utile alleato nel percorso

di conoscenza di sé stessi, la negazione del parlato, al contrario, si rivela essere l'anticamera della prigione dei sentimenti.

Le emozioni represse hanno dimora nel non detto. Esse sono il riflesso di tutto ciò a cui non vogliamo dare ascolto; sono questioni pendenti che non si trova il coraggio o l'opportunità di affrontare; sono ciò di cui non comprendiamo la natura e suoi possibili esiti.

Sebbene ignorare o posticipare situazioni in sospeso possa sembrare confortante, a lungo andare ogni effetto benefico sfuma irrimediabilmente, lasciando alle emozioni represse il vanto di diventare guida dei nostri comportamenti e pensieri.

Ogniqualvolta reprimiamo emozioni come rabbia, paura, insoddisfazione o tristezza, il dolore interiore che le scatena prende comando delle nostre azioni.

Per questa ragione molto spesso chi non esterna appieno (o del tutto) i propri stati d'animo corre un maggiore rischio di sviluppare problemi psicosomatici tra cui: tensioni muscolari, emicrania, difficoltà di concentrazione, gastrite, etc.

Questi che possono all'apparenza sembrare puri

fenomeni fisici, sono in realtà disturbi di origine psicogena che fungono da valvole di sfogo in situazioni o in esperienze particolarmente significative sul piano emotivo-affettivo.

Nel corso della vita ciascuno di noi si troverà di fronte a situazioni in sospeso, siano esse riguardanti l'ambito familiare, relazionale o lavorativo; capirne l'origine ed elaborare le emozioni legate ad esse significa acquisire maggiore consapevolezza di sé, permettendo di pensare razionalmente e agire in modo consono alla tale circostanza.

Esprimere il proprio sentire significa uscire dalla propria zona di agio e dar voce alla parte del nostro Io più fragile.

Solamente abbandonandosi all'ignoto e dando ad esso connotazione positiva si può vivere un'esistenza più spensierata e meno "pensata". È difatti la paura di ciò che non si conosce che impone limitazioni al proprio agire, in quanto il non avere pieno controllo in una determinata situazione, o non avere chiaramente delineata la natura di un sentimento, invoca un sentire di solitudine che lentamente incatena a rigidi schemi di pensiero che fanno dell'evasione da situazioni emotivamente stressanti la panacea per la paura di non essere corrisposti.

Viviamo nella preoccupazione di cadere e di non rialzarci; abbiamo il terrore di mostrarci in tutta la nostra fragilità e di venire attaccati in pieno petto da chi ci ritroviamo di fronte; abbiamo paura del giudizio o del pregiudizio altrui... Innumerevoli sono i motivi di apprensione che possono scatenare il silenzio dei sentimenti. Tuttavia, è indugiando nei propri timori che i blocchi emotivi rimangono ancorati al proprio inconscio.

Attraverso un attento ascolto della propria voce interiore, i nodi emotivi lentamente si sciolgono, lasciando spazio ad un timido bisogno d'affetto e comprensione. L'ambito che può maggiormente soffrire di blocchi emotivi è quello delle relazioni interpersonali, in particolar modo di quelle amorose.

Le principali cause scatenanti possono essere:

1) Le incomprensioni

2) La dipendenza emotiva

3) La paura dell'abbandono

Le incomprensioni sono spesso causate dalla creazione di aspettative; da delusioni o risentimenti. Questi ultimi non sono altro che l'anticamera del lento e graduale disinnamoramento verso il partner, fenomeno che si manifesta prevalentemente attraverso un improvviso bensì graduale allontanamento emotivo e fisico da parte di uno dei due.

In questo stadio le ferite dell'Io possono essere talmente profonde da far sì che la volontà e predisposizione al dialogo vengano a meno, alimentando così la sensazione di vuoto e risentimento causata dal non sentirsi capiti dalla persona amata.

Questa emozione particolarmente amara, molto spesso rivela carenze affettive risalenti al periodo dell'infanzia o dell'adolescenza. L'atto del riversare le proprie frustrazioni sul proprio partner diventa quindi un'inconsapevole richiamo d'aiuto nel trovare mediazione tra "il bambino ferito" e la sua famiglia d'origine.

La dipendenza emotiva non è altro che l'attaccamento morboso che si instaura verso il partner.

Sebbene la libertà d'essere e la diversità siano ciò che può arricchire il legame affettivo e gli individui stessi attraverso un entusiasmante scambio di opinioni; in presenza di blocchi emotivi questa leggerezza viene meno, sostituita dalla censura nell'esprimersi e nell'essere.

Si diventa quindi specchi di chi si ha di fronte, emulandone comportamenti, acquisendone abitudini e alterando più o meno sostanzialmente i propri interessi e modo d'essere.

Il timore del giudizio altrui, del disappunto e degli scontri verbali, innesca il pensiero che il seguire le orme del proprio partner eviterebbe qualsiasi ulteriore forma di conflitto. Questo disperato tentativo di riconciliazione, tuttavia, compromette l'abilità di percepire, valutare ed esprimere un'emozione o un sentimento, creando blocchi emotivi, così come anche la capacità di instaurare legami con gli altri.

Così facendo, energie, parole e stati d'animo rimangono intrappolati nel non detto. L'esistenza rimane quindi sospesa in una fase di stasi in cui il proprio Io interiore annaspa nell'anestesia emotiva.

La paura dell'abbandono è tra le più forti emozioni che l'essere umano possa mai provare. Il dolore della separazione e il vuoto della solitudine innescano meccanismi di difesa volti a preservare l'integrità della relazione, a volte sfociando in atti di (fondata o infondata) gelosia.

La paura dell'abbandono, difatti, amplifica le proprie emozioni macchiandole di un velo di pessimismo, quasi ad avvertire un'imminente catastrofe.

In situazioni percepite pericolose per la relazione, al fine di proteggersi da un possibile "addio", uno dei due partner può ritrovarsi a far ricorso alla compiacenza per salvare il rapporto.

A differenza dell'emulazione, il compiacere, come in una partita di scacchi, consiste nel prevedere le mosse dell'avversario, valutandone gli ipotetici esiti e ripercussioni sul piano sentimentale.

Ciononostante, questo astuto piano non tiene in considerazione il costo che le emozioni represse impongono all'individuo che compiace. Ecco che, come sabbia che lentamente scende in una clessidra, il "non detto" si accumula sul fondo dell'Io, causando stati di tumulto interiore.

La paura dell'abbandono non colpisce unicamente chi percepisce di stare per essere lasciato; nemmeno chi è solito lasciare ne è immune, con la differenza che in quest'ultimo essa viene solitamente sostituita dal timore della solitudine.

Come porre rimedio ai sentimenti irrisolti?

Il primo passo è **comprendere l'origine** e l'entità delle proprie emozioni.

Ogni vissuto ed esperienza generano in noi un'emozione differente; comprendere cosa influisce sul processo di formazione del pensiero gioverà sul piano della coscienza di sé stessi. Difatti, avere una chiara identità personale e sociale permette di vivere le relazioni interpersonali con più cognizione.

Così facendo si sarà in grado di prendere in mano le redini del presente, senza più alcun condizionamento originato dai sentimenti e dalle emozioni represse.

Una volta compresa l'origine del blocco emotivo, è il momento di armarsi di coraggio e lasciare cadere le barriere che dividono dall'altra persona.

La fase del **confronto verbale** è la più complessa in quanto, nei casi in cui l'assenza di dialogo si è protratta per un lungo lasso di tempo, nella coppia si sono ormai instaurati comportamenti semi-disfunzionali dettati dalle paure ancorate all'Essere.

Aprirsi al dialogo significa quindi esprimere i sentimenti lasciati in sospeso e dare una svolta decisiva alla relazione, sia essa in positivo o in negativo.

Ciononostante, per non affrontare la realtà oggettiva dei fatti, molte persone evitano di comunicare il proprio sentire, crogiolandosi nelle proprie convinzioni e zone di agio.

L'elusione trova radice nella paura della solitudine.

Il lasciare una situazione irrisolta, difatti, appare la soluzione migliore per chi vuole perpetuare il proprio fantasticare, rimanendo ancorato al ricordo della persona amata ed evitando di instaurare nuovi legami affettivi.

Instaurare un dialogo sincero in un contesto rasserenante rende possibile l'espressione del proprio stato interiore senza filtri, alterazioni, o censure.

In base alla profondità dei sentimenti irrisolti e delle ferite non ancora del tutto rimarginate, il tempo si dimostra essere un fedele alleato nella ricerca della verità ultima. Ecco che attraverso un'attenta analisi del **linguaggio del corpo** del proprio amato si potranno decodificare emozioni, sentimenti, paure, verità e bugie.

Se le parole possono mentire, il tono della voce, la mimica facciale e la postura del corpo, sono la chiave di volta nella ricerca della verità. Accade abbastanza spesso, infatti, che sebbene la voce di uno dei partner si esprima in un secco: «Addio!», il linguaggio del corpo suggerisca sentimenti irrisolti lasciati soffocare dietro quell'ultimatum.

Gli effetti benefici del superare i blocchi emotivi sono duraturi e hanno un forte impatto non solo sulle relazioni interpersonali, vissute con maggior spensieratezza, bensì anche sulla propria personalità, identità e comportamento sociale.

L'individuo in grado di esprimere appieno i propri stati d'animo, infatti, è maggiormente predisposto a risolvere eventuali questioni pendenti poco dopo il loro sorgere, in quanto la sicurezza di sé rimpiazza la paura dell'abbandono che impediva l'agire.

Liberare l'energia interiore equivale a rinascere alla vita con una nuova vitalità, positività e curiosità nello scoprire il mondo circostante.

Questo cambiamento, spesso sottovalutato d'importanza in quanto inerente il funzionamento della psiche, dimostra invece avere rilevante impatto sul proprio modo di porsi, sulla mimica facciale, sui gesti, e sul modo in cui si reagisce nelle più disparate situazioni.

CHARLIZE

Quella di Charlize è una storia di estrema sensibilità.

Se dovessi descrivere quella ragazza la ritrarrei di spalle che s'allontana, mentre il vento le sposta i capelli dal viso, rivelando un mezzo sorriso, quasi a descrivere il suo Essere a tratti dalle sfumature contrastanti.

Connotarle anche il fisico slanciato da modella equivarrebbe a sminuirla; la sua figura è eterea, un'ombra di grandezza.

Charlize indossava vestiti coprenti a protezione del suo animo, talmente sensibile da poter essere smosso da una folata di vento sotto quella corazza di ostentata imperturbabilità.

Difatti non le era concesso mostrare il suo lato più sensibile, le sue malinconie, i "cosa faccio?", quei naturali moti dell'animo che ci fanno apparire fragili...

Umani.

Charlize era sempre forte, la sua corazza lo era.

Aveva un'innata dote per gestire qualsiasi situazione risolvendola con precisione matematica.

"Reattività" non era mai stato un termine che la spaventava.

Spesso penso che tutti dovrebbero prendere ispirazione da lei. Infatti non serviva molto per trarne insegnamenti, la sua Aura aveva una potenza tale da pervadere chi le stava di fronte.

Mi ero infatti da subito schierata con Charlize, niente di razionale, il motivo tuttora non lo so; quando la si tocca se ne esce migliori. Ha migliorato anche me.

Charlize amava il concetto di "spazio" e ne avrebbe fatto professione. Ancora ricordo quel plastico che costruiva fino a notte inoltrata e i piani architettonici appesi alla parete.

Era una studentessa da 29/30 dall'ambizione alta e

dall'abbonamento annuale al treno, dove spesso non trovava alcun posto a sedere; a volte era fortunata e glielo concedevano, altre si ritrovava accovacciata sul pavimento. Accendeva il suo laptop e riprendeva a lavorare al suo progetto. Credo che null'altro possa descrivere così bene quanta determinazione fosse racchiusa nel suo fragile fisico.

Oltre allo spazio, Charlize aveva un debole per l'etichetta e l'ordine... Soprattutto l'ordine.

«Ho un cassetto dedicato ai calzini. Vedi? Sono accuratamente piegati e sistemati secondo le loro gradazioni di colore».

Ogni cosa nel suo armadio seguiva quella "regola". E di regole ne ha dovute seguire molte fin da piccola; il suo bene e il suo male.

Conseguentemente, lei navigava l'esistenza seguendo traiettorie pianificate con rigore matematico, affogando i "se", i "ma" e i "forse".

Ogni qualvolta riconosceva in qualcuno un ipotetico nemico, il suo sguardo di ghiaccio lo inchiodava al muro, mentre le sue labbra sparavano proiettili: «Tu sta' nel tuo quadratino, io sto nel mio. Chiaro!?».

Il tono intransigente delle sue decisioni non era

esternazione del suo forte carattere, come lei pensava, al contrario, esso era in realtà l'armatura di cui si vestiva per proteggersi dall'esterno.

Aspetti della personalità quali fragilità e insicurezza non potevano appartenerle, la sua silhouette doveva essere incorniciata da un alone di imperturbabilità.

Sebbene quella fosse la sua carta vincente in ambito professionale, nelle relazioni affettive era il suo tallone d'Achille.

Avrei dovuto saperlo fin dal principio che non ero altro che l'eccezione che avrebbe confermato la regola: Charlize non è capace di legami emotivi. Non appena percepisce una situazione farsi troppo seria, lei inizia a sentire il richiamo del suo "spazio vitale". Quando ciò accade, un occhio attento lo riconosce subito: il suo sguardo si rabbuia un po', scurito dai suoi "perché"; il suo corpo si assottiglia giorno dopo giorno, assumendo la figura slanciata di un'atleta, pronta allo slancio finale; il suo stile di vestire si fa più rilassato, a riflesso del suo atteggiamento scanzonato; il telefono diventa l'estensione del suo braccio sinistro, mentre le dita supplicano una tregua dall'accarezzare lo schermo del dispositivo.

Dei suoi legami passati non ho mai saputo molto; chiederle di parlarne era come ordinarle di aprire il vaso di Pandora e liberare addormentate sofferenze.

Quando i sentimenti di Charlize sfioriscono, l'individualismo in lei fiorisce come rosa nera.

Sebbene il mio intuito mi aveva suggerito fin dal principio che era solamente questione di tempo prima che venissi avvolta da quella freddezza, quando ne venni travolta fu come un fulmine a ciel sereno.

Nonostante il fuoco dei miei sentimenti trovasse ghiaccio nel suo cuore, la mia ingenuità mi rassicurava con il potere della speranza, mentre una barriera apparentemente invalicabile ed infrangibile delimitava la distanza tra il mio Essere e il suo.

Era altamente deludente vedere con quanta noncuranza lei si muoveva nell'ambiente attorno a sé, come chi è padrone del mondo ma in realtà non sa viverci.

In vero lei si nascondeva da tutto ciò che la spaventava e le metteva ansia, come chi fugge da un serpente velenoso. Mentre sul suo viso stampava un'espressione fiera e sicura di sé, attraverso le parole lanciava sprazzi di illusioni, forse per tenersi comunque ancorata ad una che credeva essere una certezza, per sentirsi, in fondo, meno sola.

Charlize, infatti, temeva la solitudine, sebbene ne facesse spesso lodi. Tutti la conoscevano e in molti la circondavano; le sue amichevoli guardie del corpo la scortavano ovunque andasse, offrendole risate, supporto, e talvolta una spalla su cui piangere con discrezione.

Da quando "non eravamo più" quella era l'immagine alla quale ero maggiormente esposta, quasi ogni giorno.

Il tempo scorreva inesorabilmente, il suo ticchettio non seguiva l'andamento del pensiero che, al contrario, viaggiava alla velocità della luce ed oltre. Incessante. Implacabile. Immancabile. Puro. Vivo.

Il tempo graffiava e non lasciava cicatrici né lividi, osservava divertito il comportamento umano, così fragile, emozionale, scoordinato. Faceva cadere e rialzare sul pavimento instabile di una giostra che faceva beffe dell'esperienza dell'essere umano messo in croce.

In questo gioco rimanevo pietrificata ad osservare il mondo scorrermi accanto.

Mantenevo lo sguardo sfuggente per non rimanere catturata dai dettagli che distinguevano Charlize da qualsiasi altra persona, per non perdermi in essi.

La tentazione era viva e bruciava come il fuoco acceso sulla pelle: dolorosa, ardente, inarrestabile.

La sensazione di malinconia disturbava il pensiero che iniziava ad assumere tutte le sfumature del nero e del grigio, sebbene nel sentire fosse di un rosso vivo che sembrava scottare quando percepito.

L'ennesimo incontro ravvicinato con Charlize avvenne nella sala meeting. Con la coda dell'occhio l'osservai goffamente nascondersi dal mio sguardo portando una ciocca di capelli sul viso.

Da un lato mi stupiva il modo in cui lei affrontava quello che un tempo riteneva essere il più profondo dei sentimenti, nel bene e nel male.

«Anche nel caso in cui la nostra conoscenza non abbia un finale romantico, il nostro legame d'amicizia rimarrà sempre intatto». Queste le parole che Charlize aveva pronunciato all'inizio della nostra frequentazione. La sicurezza nel tono della sua voce, tanto rassicurante, e lo sguardo che ispirava fiducia, mi avevano convinta così sarebbe stato sebbene in me nascesse la consapevolezza che quel romantico "sempre" fosse fatto della materia del sogno e non appartenesse alla dimensione del reale.

La osservavo lentamente scivolare dalla sedia sulla quale si era seduta, quasi a voler scomparire. "Per rimorso, vergogna o negazione?" mi domandavo, mentre lei con freddezza si comportava come chi stava al gioco ma in realtà voleva solamente esserne osservatore o, al contrario, come chi mascherava la propria fragilità d'animo e insicurezza dietro la maschera dell'indifferenza.

La sua "grande amica", sedutale affianco, aveva volto velocemente lo sguardo verso di me con un mezzo sorriso che a me era parso più uno squallido ghigno, prima di sussurrare all'orecchio di Charlize delle barzellette, a dire dalla risatina che le accompagnò.

Ad ogni movimento di lancetta d'orologio una spina mi trafiggeva il petto, già indolenzito dai dilemmi che si erano impressi nella carne. L'agitazione mi infuocava il viso e la vista si appannava nell'abbandonarsi al tempo congelatosi nel momento in cui la stanza in cui mi trovo si era popolata.

Non potevano esistere parole tanto potenti da definire

l'amarezza che incorniciava la slanciata figura di Charlize, nonostante ancora fosse avvolta da quel fascino che appartiene solamene a chi è dannato.

Le sue forti spalle si erano chiuse verso il torace, facendo da scudo alla sua emotività; le sue braccia si erano conserte in un abbraccio rassicurante.

Non servivano affinità elettive o speciali lenti per riuscire a leggerla, il suo stato d'animo era di immediata lettura, così come il cielo dai toni del grigio e del nero preannuncia tempesta.

Se avessi dovuto tradurre Charlize in dipinto surrealista, l'avrei ritratta come un cactus che fluttua su un letto di nuvole. Il suo aspetto pungente e solitario inganna la vista e nasconde la sua fragile natura che si inchina sotto le piogge incessanti del tumulto interiore.

Mentre la osservavo nascondersi in piena vista, non potevo far altro che provare tenerezza nei suoi confronti, come quando una madre vede il proprio figlio col viso e le mani cosparse di cioccolata.

I pensieri si scontravano e mescolavano fra loro nel momento in cui, con uno slancio atletico, lei ha girato la sedia per darmi le spalle, senza però aver prima nascosto il suo volto con la sua lunga liscia chioma biondo scuro.

In quella collisione tra due mondi i colpi inferti accarezzavano la pelle come leggere piume, solleticando e lasciando perplesso l'Essere.

Forte era la tentazione di lasciare la stanza per chiudere finalmente il sipario su quell'immagine che trafiggeva il petto, ma la ragione dettava di rimanere ancorati alla realtà e all'attimo presente, in attesa che la tempesta cessasse e le acque si calmassero.

Finita la riunione, alzateci, accennai un silente saluto e le aprii la porta.

Ci si pensa mai? Quella delle parole è la più importante delle scelte, sebbene spesso passi inosservata.

In seguito a questa riflessione, ci si renderà conto che il linguaggio verbale non è altro che un modo attraverso il quale, in ogni istante, scegliamo la sfumatura da attribuire al discorso o/e a noi stessi agli occhi degli altri.

Conseguentemente, non esiste momento in cui non si prendano delle decisioni, più o meno definitive; io, tuttavia, in quella circostanza, ero determinata a non farne.

Nonostante fossi consapevole che il trattamento del silenzio l'avrebbe ferita nell'orgoglio, e il mio animo fremesse per esprimere sé stesso, con tenacia rimasi aggrappata al mio voto di inazione.

«Cos'è, non si saluta più, ora?» sentii gridare alle mie spalle.

L'orgoglio di Charlize era emerso in tutta la sua maestosità.

Il disappunto nella sua voce era proiettile che perforava l'animo da parte a parte, provocando un dolore tanto acuto da far piegare sulle ginocchia.

Avevo cercato di formulare delle scuse per calmare la fiamma di rabbia nei suoi occhi, lo giuro, i miei neuroni cercavano di fare salti mortali pur di esprimere un concetto sensato, eppure ciò che le mie labbra pronunciarono fu solamente un groviglio di parole più ad un'antica maledizione che a delle giustificazioni.

Inevitabilmente, Charlize si era liberata in uno sbuffo e, tra un sopracciglio alzato e il darmi nuovamente le spalle, la vidi andarsene per l'ennesima volta.

"Quante volte ancora dovrò assistere a questa scena?" Ripetevo nella mia mente, mentre ogni mia forza era canalizzata nel trattenere il singhiozzare di un riservato pianto. Spesso mi sentivo come in un loop infinito dal quale non riuscivo a uscire se non attraverso un bambinesco pianto liberatorio e una boccata d'aria, lontana da occhi indiscreti, pettegoli e malelingue.

Mi ci vollero mesi per intuire che tramite quell'educazione siberiana Charlize voleva insegnarmi ad agire unicamente secondo la freddezza della logica, facilitando così il processo dell'oblio.

La sua strategia, tuttavia, sembrava vacillare... Era davvero quella la chiave di volta che mi avrebbe permesso di vederla come "una qualunque"?

Esisteva un magnetismo raro tra lei e il mettere alla prova le persone alle quali era vicina, forse per capirne meglio la natura, oppure per prevederne mosse future.

Si muoveva così sinuosamente tra le bombe che essa stessa lanciava, che risultava essere difficile distinguere il campo di battaglia dalla base; così, tra un boato e un profondo silenzio, mi ritrovavo protagonista di un duello di cuori.

Nonostante Charlize si armasse da testa a piedi, il mio intuito mi suggeriva che dietro quella mal mascherata indifferenza vi era in realtà la ferma intenzione di non cedere al lato sentimentale del suo

Essere e riaprire il dialogo... O forse questa era l'ennesima ingenua speranza che animava la mia mente. Ciò non toglie nulla alla tensione che continuava a scorrere tra il mio sguardo e il suo quando si incrociavano per alcuni istanti.

La mia punizione del vederla piegarsi dal peso della vita giorno dopo giorno sempre più mi rattristava e faceva sentire impotente nel non poterle offrire il mio supporto.

In molti consideravano quel mio sentire inadeguato e ridicolo, vista la situazione in cui mi ritrovavo, tuttavia il mio animo gentile non avrebbe mai potuto ignorare alcuna altrui velata malinconia o sofferenza.

Lei amava avere spazio per respirare, così rimanevo a distanza, nel silenzio della parola, mentre i riflettori erano su di lei. Esistevano, tuttavia, dei momenti in cui con premura materna e in maniera un po' goffa si accertava stessi bene: un'occhiata veloce da lontano; una battuta; un pretesto qualsiasi; un coraggioso: «Ehi, tu, come va?», queste le modalità prescelte per spezzare il suo voto di silenzio.

Se le chiedeste il motivo per cui lo faceva, vi risponderebbe che "non era niente di che, solamente curiosità, non c'era nessun significato nascosto"; so molto bene, tuttavia, che quello non sarebbe stato altro che il suo Ego a parlare, mentre il linguaggio del corpo avrebbe rivelato la verità dietro le sue parole.

Ci attraevamo e respingevamo come magneti in un fermo immagine proiettato sul grande schermo, in attesa di un colpo di scena o, addirittura, la chiusura definitiva del sipario.

L'intuito mi suggeriva che Charlize non avrebbe lasciato la posizione di vedetta sulla quale comodamente sedeva e, sebbene avesse il sapore amaro di un ulteriore addio, in cuor mio sapevo di essere l'unica che avrebbe mai potuto mettere un punto al capitolo conclusivo di quel romanzo.

Il momento in cui questa consapevolezza era piovuta su di me, mi ritrovavo sdraiata su un freddo blocco di marmo bianco a funzione di panchina, al piano terra di quell'edificio che non sapeva di casa, sebbene lo visitassi quasi ogni giorno.

Delle lacrime bollenti graffiavano il mio viso mentre un brivido contava le ossa della mia spina dorsale.

Era venuto il momento di andarsene dalla terra dei cuori lasciati in sospeso.

Scaricata la tensione e ritornata al decimo piano di quell'alto palazzo dall'architettura moderna, mi diressi in cucina per prepararmi un sano spuntino accompagnato da un caffè macchiato.

D'improvviso nella mia mente iniziarono a scorrere immagini che ritraevano Charlize nella sua "nuova normalità", mentre il mio infallibile intuito mi suggeriva che lei sarebbe presto arrivata in ufficio. Fu una questione di un paio di minuti prima che la ritrovai dietro di me.

La guardai per salutarla ma nessuna delle due sembrava voler aprire bocca; dunque mi girai e ritornai a tagliuzzare la mela.

Il mio cuore, già in mille pezzi, si ridusse in polvere, e il mio corpo iniziò lievemente a tremare.

Fortunatamente, dopo poco era arrivato anche Victor, l'anima più gentile e pura che abbia mai conosciuto finora.

La mano che teneva saldo il coltello, scossa da un forte tremore, era diventata debole.

Un senso di vertigine rendeva il mio equilibrio precario, mentre il cuore rimbombava nelle orecchie.

Io, apparentemente sempre così forte, ero sul punto di crollare.

Come se una parte di me fosse svanita, mi sentivo svuotata della positività e della speranza che erano solite caratterizzarmi.

Il mio passo si faceva sempre più leggero, tanto da far crescere in me il timore che potessi sciogliermi al suolo.

"Bentornato, vecchio amico!" avevo pensato, riconoscendo di stare per avere un attacco d'ansia.

L'impatto emotivo di quel veloce incontro era stato così forte da durare ben tre ore. Nulla riuscì a tenere a bada la mia mente se non un pianto liberatorio con Victor.

«Mi sento triste e delusa, terrorizzata al sol pensiero di rimanere bloccata qui per sempre.

Se non riuscirò ad andarmene via non so se e quando riuscirò a ritrovare un equilibrio emotivo. Non reggo più questa scomoda situazione» gli confessai.

Povero lui, ragazzo d'oro, aveva dovuto ascoltare quel discorso chissà quante volte. In quella circostanza, tuttavia, aveva sfoggiato un rassicurante sorriso prima di rispondere: «Devi lasciarla perdere, fa' come se non esistesse. Sei forte, ce la puoi fare e ce la farai, riuscirai ad andare via. Non vale la pena tu versi nemmeno una lacrima».

Non ho mai apprezzato l'idea d'ignorare qualcuno, men che meno lei, già sapendo la profondità della ferita che avrei riaperto colpendola nell'orgoglio.

L'infastidirla era forse la più grande delle mie preoccupazioni in quel periodo, tuttavia, per la prima volta, decisi di rivolgere verso me stessa le attenzioni che riservavo per lei.

Nonostante dentro di me fosse guerra continua, ero determinata a riportarmi in superficie da quell'abisso dal quale non intravedevo nemmeno uno sprazzo di luce.

Fu così che il giorno seguente scrissi a Karol, la mia adorabile ex manager, dicendole che per motivi personali avevo bisogno di trasferirmi, e chiedendole se sarebbe stato possibile mantenere la stessa mansione e rimanere nello stesso team in cui mi trovavo allora.

Senza ulteriori domande ma con quel sorriso accogliente che la distingue da qualsiasi altra persona, prese sotto analisi la mia proposta sperando in un "sì" dal capo del dipartimento.

Quest'ultimo, tuttavia, rifiutò la proposta esordendo in un secco: "no".

Ero dispiaciuta, adoravo alcuni miei colleghi e avrei voluto averli vicino nel mio percorso.

Sentendomi scoraggiata da quella negazione e rifiutando l'idea di continuare ad essere protagonista di quel valzer degli addii, spesi ogni mia energia nella ricerca di impiego all'estero, prevalentemente a Berlino o ovunque in Inghilterra.

Avevo riprogrammato il mio cervello al successo e, giunta l'occasione, passai giorno e notte con la testa immersa nei miei appunti in preparazione per quello che sapevo sarebbe stato un colloquio che avrebbe radicalmente cambiato la mia esistenza.

Tre ore e mezza di domande, una settimana di attesa.

Era un mattino di nebbia e umidità, di quelle che trasformano qualsiasi chioma liscia in una crespa criniera di leone.

Come sempre mi stavo incamminando verso il lavoro, tra una camminata e qualche strattone di rituale. Quaranta minuti dopo ero giunta a destinazione.

Mi piaceva iniziare tra le 8 e le 9. In ufficio si respirava un'aria pulita e le luci soffuse rilassavano gli occhi prima che venissero accecati da decine di neon.

Dopo essermi seduta alla mia scrivania, mi crogiolai nel timore dell'ignoto, ignorando l'icona della posta elettronica che sembrava dire: "leggimi".

Armatami di un caffè ristretto per l'occasione addolcito con una bustina di zucchero, lessi la lettera di assunzione.

Un sentimento di gioia mi pervase, stampandomi sul viso un'inedita espressione di sollievo e contentezza.

«Sabrinola! Che succede di bello!?», esclamò il mio manager magicamente apparso alle mie spalle, e invitandomi a fargli compagnia per il primo di una lunga serie di caffè.

Nonostante fosse felice per il mio trasferimento e per la mia promozione, mi colpì dritta al cuore l'espressione di velata malinconia che oscurò il suo viso. Nonostante ciò, sapevamo entrambi che quello sarebbe stato solamente un arrivederci e non un addio.

Quando Charlize venne a sapere della notizia mi scrisse, incredula, chiedendo conferme.

Se c'è una cosa in cui eccello è mantenere le promesse, e una citava che, qualora io e lei ci fossimo separate, mi sarei trasferita all'estero per svanire nel nulla e diventare un lontano ricordo nella sua memoria.

Non era la prima volta che lei mi chiedeva dove mi trovassi o se avessi realmente intenzione di partire, credo siano state quattro le volte in cui risposi a quelle domande.

«Chiedo così, tanto per, eh... Sai che sono una persona curiosa», esclamava ogniqualvolta le chiedessi per quale motivo quell'inusuale incognita emergeva dal suo inconscio. Poteva ritenermi un po' ingenua, e in parte lo ero, tuttavia sapevamo bene entrambe che dietro la curiosità si nasconde spesso un innocente interesse.

Per la prima volta in tre anni non riuscivo a decifrarla. Quando mi prese da parte per parlarmi, la sua voce si esprimeva in complimenti ed augurii, il suo viso era stropicciato da un sorriso un po' artificiale, mentre il suo corpo era in tensione, pronto ad un imminente attacco.

La speranza di instaurare un'amicizia sfumava giorno dopo giorno e la distanza tra i nostri corpi rimarcava la natura del nostro rapporto.

Nonostante tutto, il bene che provavo nei suoi confronti soffocava ogni amarezza e tristezza. Fu così che decisi di darle in dono ciò che più di prezioso possedessi: il mio tempo e le mie energie.

Non importava quanto potessi essere occupata, da quante ore mi trovassi in quell'ufficio, o dalla vista annebbiata dalla stanchezza, ero sempre in prima linea per aiutarla nei suoi progetti.

Charlize scelse di rimanere a distanza anche nel mio ultimo giorno in quella città.

Mentirei se dicessi che non vi era istante in cui non sperassi che la barriera che ci separava si assottigliasse.

Tuttavia, le illusioni avevano iniziato ad essere pensieri intrusivi, piuttosto che dosi di positività giornaliera.

Fu in quel grado di separazione che finalmente accettai la natura della mia vita vissuta al singolare.

Non va ricercato un senso in stati di eterna attesa quando non esistono vicinanze d'animo, perché è come rincorrere una chimera: un qualcosa di illusorio, impalpabile.

Elaborata questa riflessione avevo iniziato a reprimere le emozioni individuate nocive per il mio benessere interiore.

Nel mio navigare la realtà in solitaria talvolta venivo scossa da dubbi e ipotesi.

Nonostante tutto la consapevolezza che la mia realtà era costituita da distanze fisiche, e non da vicinanze illusorie, temprava il mio spirito all'oggettività.

Nessuno sarebbe sbucato da dietro l'angolo per avvolgermi in un caloroso abbraccio.

Ho pianto molto.

Poi non più.

07

ESSERE
STRANIERI

07

Dammi in dono una casa che non sia mia
dove possa entrare e uscire dalle stanze
senza lasciar traccia.

Senza mai preoccuparmi del colore delle pareti
della cacofonia dei libri accanto al letto.

Dammi in dono una casa leggera da indossare
in cui il salotto non sia infestato
dalle conversazioni del passato.

Dammi in dono una casa come questo corpo
così aliena quando provo a farne parte
così ospitale quando decido d'essere un pensiero
e nulla più.

Ciò che non si conosce crea paura, come quando si è in un paese straniero e la lingua parlata è ignota.

Il suono delle parole sembra suggerire: "fuggi!", mentre il linguaggio del corpo di chi si ha di fronte, al contrario, accoglie in un amichevole benvenuto.

Ciononostante, se si mette sotto la lente d'ingrandimento il termine "straniero", si noterà che ha stessa radice delle parole *"hostis"* (nemico) e *"hospes - hosti-pet-s"* (ospite).

A livello inconscio, non a caso, si tende ad associare alla figura dello straniero un certo senso di timore, dettato dal fatto che non essendoci una conoscenza approfondita di quel determinato individuo, risulta difficile delinearne la reale identità.

Per certi aspetti si potrebbe dire che lo straniero è la rappresentazione personificata dell'ignoto.

Egli, infatti, è in prima istanza "l'altro", colui che ha lingua, costumi e storia personale differenti rispetto ai propri. Questa profonda diseguaglianza spesso considerata ineliminabile e incomprensibile, può essere, al contrario, un'importante slancio verso una mentalità più aperta e inclusiva nell'ambito socio-culturale. Affinché ciò accada è necessario che lo straniero comprenda l'essenziale importanza del lasciarsi ospitare, del rispetto dell'altrui cultura, e della buona disposizione verso codici di linguaggio e comportamento diversi dai propri.

Nella quotidianità ci ritroviamo a vivere diversi livelli di tolleranza che possono riguardare fattori estetici, culturali, abitudini, educazione, religione, preferenza sessuale o provenienza.

Più si istruisce la propria mente al rispetto e all'ascolto dell'altrui opinione, bagaglio culturale e/o esperienza personale, più si potrà instaurare un clima di inclusione e apertura al dialogo.

Così facendo, contro ogni aspettativa, si verrà trascinati in un terreno di impensate alchimie tra opposti precedentemente pensati in antitesi tra di loro.

Questo particolare tipo di affinità che fiorisce nella diversità, non è una distruttiva collisione tra due mondi, come è erroneamente di comune pensiero, è bensì creazione di nuove prospettive attraverso le quali analizzare la realtà e osservare ciò che ci circonda.

Ciascuno di noi nasconde in sé unici talenti e attitudini, osservare l'esistenza attraverso le lenti della tolleranza e dell'inclusione sociale, arricchisce il proprio Essere e contribuisce a una maggiore apertura mentale.

Per far sì che tale scambio culturale e intellettuale

avvenga, tuttavia, è indispensabile che ci si avvicini all'altro con la sincera e benevola disponibilità nel conoscere e farsi conoscere, al fine di non lasciare che preconcetti dettino verdetti finali ancor prima di aver instaurato **un** dialogo.

Non a caso, purtroppo, è proprio la mancanza di buona disposizione verso l'altro l'origine dell'ostilità verso lo "straniero".

Questa forma di chiusura nel pregiudizio, alimenta la presunzione che il proprio punto di vista ed esperienze di vita siano gli unici giusti e degni di piena espressione. Tra i motivi che innescano il seguente meccanismo di difesa, vi è l'inconscia paura dell'ignoto e del mettere in discussione le proprie convinzioni.

Il pregiudizio, difatti, dà origine a schemi di pensiero e di comportamento che trasportano in uno scenario di "lotta" contro lo straniero, visto come presunto nemico che minaccia la propria patria, le proprie ideologie e la propria immagine sociale.

La chiusura nella propria categoria di appartenenza, sebbene comunemente associata al rispetto nei confronti delle proprie origini, è, in realtà, l'anticamera della negazione dell'Essere. Il costruire l'identità personale su ideologie, a livello inconscio corrisponde alla nozione che per affermare il proprio Essere sia necessaria l'esistenza di un nemico da sconfiggere, per dimostrare quindi la propria superiorità. L'avversario viene dunque identificato in chi è diverso da sé ed è estraneo alla propria cultura e esperienza di vita, screditando qualsiasi opinione o usanza differenti rispetto alle proprie.

Questa specifica tipologia di chiusura verso l'altro limita drammaticamente l'interazione umana e fa ragionare unicamente per compartimenti stagni, riducendo così l'essere umano a definizioni impersonali e standardizzate: "i bianchi", "quelli di colore", "i religiosi", "gli atei", "i musulmani", "gli istruiti", "gli ignoranti", "i poveri", "i ricchi", e via discorrendo.

Finché non ci sarà un risveglio delle coscienze in merito al significato dell'essere umani, si perderà gradualmente di vista la più importante forma di comunicazione non verbale di cui l'uomo è capace: la compassione.

È proprio attraverso quest'ultima che si mettono in pratica gli insegnamenti dell'intelligenza emotiva e ci si distoglie dall'egoismo dell'Io per avvicinarci alla solidarietà del Noi.

Affinché la relazione tra "l'ospitante" e "l'ospite" sia armoniosa, tuttavia, entrambi devono essere disposti a scambiarsi di ruolo. Il primo deve avere buona disposizione nei confronti dell'ospite, mentre il secondo deve lasciarsi accogliere senza la pretesa di totale comprensione.

Rispettando la propria e altrui identità si crea un contesto di crescita personale e ampliamento della prospettiva culturale.

Il problema dell'integrazione diventa sempre più evidente nei casi in cui un individuo si trasferisce all'estero in via definitiva. In questo caso si noterà che tra "il cittadino" e "lo straniero", si innesca una differenziazione in termini nazionalistici.

Sottolineando tuttavia che ciò non sia una regola, la nazionalità di un individuo diventa quindi un biglietto da visita che tuttavia non tiene conto della dimensione socio-culturale di appartenenza.

Lo Stato crea confini e detta definizioni, stabilendo e alimentando un clima di intolleranza tra cittadini, immigrati e migranti. Le barriere culturali inaspriscono il concetto di estraneità, talvolta associando ai termini "immigrato" e "migrante" le parole "strano" e "estraneo". Non a caso, nella società contemporanea, i termini "nazionalità" e "cittadinanza" vengono spesso confusi, sebbene definiscano due concetti giuridico-sociali nettamente differenti.

Associando al termine "nazionalità" l'acquisizione di diritti, l'identità linguistica e l'appartenenza culturale dalla nascita; la cittadinanza, al contrario, stabilisce la presenza di un individuo sul territorio, definendone l'identità ed estendendone i diritti a livello legislativo.

Secondo questa chiave di lettura la nozione politico-giuridica e l'idea di cittadinanza sovrastano la dimensione umana del conoscere l'altro per ciò che è, finendo con l'agevolare la creazione e l'attribuzione di aggettivi che dettano e differenziano ceti sociali, etnie, culture, etc.

Ciò non solo riduce l'essere umano a un manichino sul quale vengono applicate delle etichette, bensì rende ancor più difficile l'inclusione dello straniero nel nuovo contesto sociale.

Si pensi, ad esempio, alla procedura per ottenere la cittadinanza nel nuovo Paese di residenza, la quale comporta che gli immigrati siano consenzienti nel cambiare la propria nazionalità. La "naturalizzazione" non è esclusivamente di natura amministrativa, essa difatti riveste un ruolo cruciale e totalizzante nella definizione dell'identità del nuovo cittadino sul territorio di "adozione".

Con il fenomeno dell'immigrazione sempre in aumento, le manifestazioni di discriminazione ed esclusione sociale nei confronti di residenti e neo cittadini originari di Paesi esteri sono sempre più evidenti. L'accogliere una persona straniera come cittadino a tutti gli effetti, difatti, risulta tuttora essere un punto dolente per chi vive con particolare trasporto emotivo il rapporto tra nazionalità e integrazione.

Da tempo immemore la figura dello straniero viene vista avvolta da un velo di mistero che ne rende difficile la completa accettazione e integrazione nel nuovo contesto culturale. Non di rado, difatti, la parola "straniero" assume tono dispregiativo rimarcando la diversità che intercorre tra chi è nativo del posto e chi ne è "estraneo".

Essere stranieri, tuttavia, nasconde in sé l'immenso valore della multiculturalità: l'entrare in contatto con una nuova cultura e acquisirne i codici sociali, permettendo non solo di ampliare la propria rete di conoscenze ma anche di sviluppare una mentalità inclusiva.

Diventare multiculturali, dunque, non significa annullare una cultura o rinnegare un modo d'essere per preferirne altri. Disconoscere la propria identità culturale, infatti, è un mascherato seppur inconscio segno di arroganza e mancanza di rispetto verso le proprie origini.

Prendendo ad esempio la mia esperienza di residente italiana in Inghilterra, solamente il 10% delle persone con cui ho finora interagito ha riconosciuto le mie origini, il restante 80% ha assunto io fossi inglese per la mia fluenza e capacità linguistica. Ogniqualvolta mi viene posta la domanda riguardante le mie origini, tuttavia, con un sorriso rispondo: «Sono italiana ma dall'animo inglese».

Rinnegare la mia nazionalità sarebbe negazione del mio bagaglio linguistico e culturale e, di conseguenza, annullamento di parte di me stessa.

Può il multiculturalismo creare crisi identitarie?

Sebbene diventare multiculturali dovrebbe essere vissuto come un valore aggiunto e non una fonte di conflitto interiore, non è raro che si possa provare un senso di disorientamento e difficoltà nell'identificarsi nel nuovo contesto sociale soprattutto nei primi mesi di residenza nel Paese ospitante.

La personalità, oltre a delineare la natura del proprio Essere, è la somma di modi di pensare, percepire e rapportarsi con gli altri in un determinato ambiente.

Essa si manifesta in un ampio spettro di contesti sociali e personali, identificandone caratteristiche, durata e natura.

Tuttavia, facendo riferimento all'età adolescenziale, essere immersi in contesti culturali differenti può talvolta dimostrarsi problematico poiché la personalità dell'individuo, non ancora formatasi completamente, incontra gli enigmi dell'integrazione e dell'identità sociale, culminanti in un: «Chi sono? A quale gruppo appartengo?».

Non di rado, difatti, la difficoltà nel collocarsi in un

contesto culturale può sfociare in momenti di esasperazione e crisi identitaria.

Essere multiculturali può richiamare un sentire di smarrimento, solitudine o incomprensione, causato dall'essere immersi in due mondi talvolta in collisione tra loro. Conseguentemente, ci si sente abbandonati alle proprie scelte in uno stato interiore di multiculturalità in conflitto con il proprio Io.
Per far sì che questo modo di sentire sia di ridotto impatto emotivo, è necessario porsi con apertura mentale nei confronti della multiculturalità, non vivendola come la prevalenza di uno schema culturale rispetto a un altro, bensì come utile aggiunta al proprio bagaglio di conoscenze che amplia il proprio Essere.

Così facendo, la propria identità e i propri valori rimarranno intatti, così come verrà rivendicato il diritto di scegliere cosa mantenere della propria cultura e cosa acquisire di quella nuova.

Se, per esempio, si fosse nati in una società in cui non è permesso bere ma nel nuovo Paese di residenza è uso e costume, nel caso in cui si fosse in forte disaccordo con quell'abitudine, omologarsi per ottenere accettazione sociale andrebbe contro i propri valori morali e creerebbe tumulto interiore.

Ciò che la vita mi sta insegnando è che l'essere stranieri non è un concetto relativo al luogo in cui si è.

Essere "straniero" significa essere "estraneo", e l'uomo stesso lo è rispetto a numerosi ambiti della vita.

Si è estranei rispetto ad un luogo ed alla sua cultura.

Si è estranei rispetto ad una lingua.

Si è estranei rispetto a ciò che lo scorrere del tempo può portare in sé.

Si è estranei rispetto ai modi di sentire e percepire altrui, e talvolta anche ai propri, diventando quindi "territori senza identità".

Si è estranei quando gli eventi sono effetto della casualità.

Siamo estranei, me e te che leggi.

08

L A
P R E C A R I E T À

08

È una vita al confine la mia.

Costantemente in cerca del mio baricentro
annaspo in questo grigiore
desiderando di cadere.

La precarietà è una delle basi della realtà: non esiste null'altro che l'attimo presente e noi in esso.

La stabilità è, nel cuore del suo termine, (anche) un conforto volto a rassicurare e a distogliere dal pensare all'ignoto che, inconsciamente, crea un pungente timore.

L'educazione che riceviamo fin dai primi anni della nostra vita è inquadrata in rigidi schemi di pensiero che dettano sicurezza e certezza come imperativi, lasciando solamente una minima possibilità d'azione alla tanto snobbata (ma necessaria) incertezza.

Se vuoi partire per un viaggio, non pianificarne ogni minuto come se stessi studiando la parte per un film Hollywoodiano, affidati all'ebrezza dell'imprevisto, della contemporaneità; se nella tua mente ti immagini pittore ma non hai mai preso un pennello in mano, dà sfogo alla tua creatività, e se il realismo e i suoi tecnicismi non fanno per te, esprimiti in un pittoresco quadro astratto; se ami qualcuno, esprimi il tuo sentimento attraverso parole e piccoli gesti, avvicinandoti e, talvolta, allontanandoti; e se in un verde prato vedi delle margherite, non raccoglierle per sfogliarle in un: "m'ama, non m'ama", lascia che esse semplicemente siano, così come anche tu dovresti affidati a quel misterioso, affascinante, spaventoso senso di precarietà.

"Esistere nell'attimo presente".

Da quando questo pensiero fa da sottofondo alle mie giornate, più le lancette dell'orologio girano e le date del calendario avanzano, più riesco a vedere il bello nell'ordinario.

Nel momento in cui ci si spoglia dal timore che accompagna il senso di incertezza, si capisce il reale e inestimabile valore dell'azione in questa fugace ma intensa esistenza.

La precarietà intesa come opportunità, e non come limite, ha il sapore di possibilità e pagine bianche che aspettano di essere scritte.

Ciò che ho compreso limitare le nostre potenzialità è la tanto famosa paura del fallimento.

L'imprevedibilità talvolta inganna l'essere umano dividendo la società in vincitori e vinti, agendo come freno inibitorio alla realizzazione dell'espansione delle capacità di ciascuno, bloccandoci e lasciando situazioni in attesa di svolta.

Mettendo sotto la lente d'ingrandimento il termine "imprevedibilità", tuttavia, scopriremo che esso ha due significati principali:

1. Possibilità estranea a qualsiasi calcolo o supposizione, in una determinata circostanza o avvenimento;

2. Aggettivo attribuito a un individuo le cui azioni sono ben lontane dal prevedibile.

Togliendo il velo di negatività talvolta attribuito a quella parola, si svela una timida connotazione positiva che invita a fare un tuffo in quel mare d'infinite variabili. Non è cosa da tutti, certo, richiede dedizione e messa in gioco, il risultato finale tuttavia vale lo slancio fatto verso una realtà meno duale.

Se ci si pensa, infatti, la nostra educazione è basata sull'antico concetto di dualità, come se tra due estremi non esistesse variante alcuna... Bianco o nero; bello o brutto; divertente o noioso; giusto o sbagliato; vero o falso; amore od odio; luce o buio.

"Vivo tra il bianco e il nero in un mondo di sfumature".

Questo aforisma così semplice ma significativo, motto di una persona saggia che ho avuto il piacere di conoscere, perfettamente descrive quanto l'esistenza sia dinamica e mai statica.

Da questo incontro fortuito ho compreso che se si accetta il cambiamento come unica costante di ciò che viviamo su questo piano esistenziale; se ci si allontana dalle aspettative molto spesso dettate e imposte dall'esterno; se si ha la volontà di rivelare ciò che siamo nella nostra essenza... Ecco che allora si potrà dire di stare realmente vivendo.

La nostra "società moderna di stampo antico", innalza ed elogia i "vittoriosi", mentre demolisce e minimizza i "perdenti". Ogniqualvolta questo pensiero popola la mia mente, l'immaginazione mi dà di rimando una simpatica e tipica scena in cui il vincitore delle olimpiadi sale sul gradino più alto del podio pronto a ricevere quella sfarzosa medaglia d'oro, mentre l'ultimo della categoria si incammina verso casa con andamento lento (e musica malinconica di sottofondo, aggiungendo un tocco di drammatico alla circostanza).

Il fallimento, in realtà, non è sinonimo di sconfitta o perdita.

Se la sconfitta venisse sradicata dall'orgoglio che ciascuno di noi meticolosamente nasconde e nega essere parte del sé; e se fosse privata del significato generico che gli viene attribuita, si capirà che essa dà spesso origine a quella che io chiamo "rivoluzione necessaria": un entusiasmante (bensì impegnativo) percorso d'introspezione e crescita personale.

Il perpetuare in rigidi schemi di pensiero che non lasciano respiro a dubbi e domande, sebbene possa apparire rassicurante, accentua la resistenza al cambiamento, impedendo così di vivere appieno nel "qui ed ora".

Attraverso la comprensione dei propri limiti e non dando credito al dialogo interno che detta inflessibili aspettative, scadenze e piani, ci si ricollega finalmente alla sfera delle emozioni: il nostro termostato interiore.

Innumerevoli sono le volte in cui si cerca una guida al di fuori di sé stessi mentre, in realtà, non esiste "maestro" migliore del nostro intuito.

Bisogna in realtà capire che non esiste fallimento alcuno. Ogni azione, abbia essa esito positivo o negativo, essendo frutto di un tentativo, non è altro che un coraggioso slancio verso l'affascinante transitorietà dell'esistenza.

Così come il nostro universo è governato dal caso, in egual modo la nostra esperienza terrena danza tra casualità, precarietà e cambiamento.

Ciò che siamo, abbiamo, e viviamo nel presente, è soggetto a un lento e costante mutamento.

Sebbene sia a volte difficile accettare l'idea che il "caos" regoli la maggior parte delle nostre esperienze, quanto prima lo interiorizzeremo, tanto prima saremo in grado di creare uno stato mentale di stabilità nell'incertezza.

Navighiamo quest'esistenza con la presunzione di essere eterni, noncuranti della nostra fragile struttura.

Rincorriamo appuntamenti e scadenze, costringendoci in ritmi stressanti e debilitati che talvolta fanno capolinea ad obiettivi inconsistenti, emulando stereotipi offerti su un piatto d'argento dalla società moderna.

Colmiamo i vuoti dell'anima con un imposto dovere al divertirsi, spese ingiustificate, piaceri passeggeri e calici di vino; sprezzanti di ciò che è realmente essenziale in questa vita: l'essere compiuti e in armonia con sé stessi.

Tamponiamo la paura del tempo che scorre con i più disparati rimedi.

Il tema della precarietà, e in particolare della morte, materia di riflessione filosofica sin dagli albori e visto con disincanto e serena accettazione, si dimostra ora essere un argomento dalle sfumature del tabù.

La principale motivazione per cui si evita di parlare della caducità dell'esistenza è legata al fatto che il pensiero della morte faccia riemergere dall'inconscio emozioni di paura, tristezza e solitudine dai quali l'essere umano fugge.

In rari casi, tuttavia, in alcuni individui quel timore viene mascherato da una morbosa attrazione verso l'argomento, talvolta sfociando in una macabra fascinazione.

Una delle prime lezioni che dovremmo apprendere è che affrontare la fragilità e la precarietà non solo è inevitabile ma in primo luogo necessario, in quanto esse sono realtà che plasmano la natura umana.

Conseguentemente, la caducità del tempo passerà da essere una frustrazione paralizzante a uno stimolo di crescita personale.

Sempre più pensatori descrivono la morte come il portale verso uno stadio d'esistenza post-umano, dividendo l'opinione pubblica. Si individuano difatti due maggiori scuole di pensiero in antitesi fra di loro:

chi ritiene l'immortalità sia moralmente accettabile, sebbene lontana dal suo raggiungimento; e chi sostiene che privare l'uomo della sua aspettativa di vita limitata, equivarrebbe ad alterarne la struttura fondamentale.

La limitatezza dell'esistenza umana inconsciamente impone il dovere di vivere un'esistenza autentica, costellata da esperienze dotate di senso, volte all'espressione della propria individualità e libertà d'essere. In antitesi a questa nozione si trova il principio per cui un vissuto progettato e "pensato" sia in realtà lo sfondo di una recita, piuttosto che un reale vivere.

A prescindere da tutto ciò, a fondamento di una vita vissuta consapevolmente deve esserci l'accettazione del concetto di precarietà, per far sì che si faccia più buon uso del tempo che si ha a disposizione, in quanto unico, irripetibile e immutabile.

Nonostante si possa vivere seguendo le orme di altri e accettando convenzioni diffuse, si dovrebbe preferire un'esistenza autentica, fondata sulla ricerca di sé e del proprio scopo su questo piano d'esistenza.

Sotto il punto di vista evoluzionistico, tuttavia, la morte viene definita essere un fenomeno biologico irreversibile, in cui la selezione naturale agisce da "filtro" che seleziona gli esseri viventi "più resistenti", dall'aspettativa di vita più longeva, da quelli "più fragili", dall'esistenza ipoteticamente ridotta.

Osservare l'irreversibilità della morte da questa angolazione, però, non lascia spazio ad alcuna riflessione filosofica sul tema.

Che ruolo ha la consapevolezza della caducità dell'Essere in una società materialistica che aspira all'immortalità attraverso tecnologia e scienza?

Riconoscere la finitezza dell'esistenza implica il perseguire una ricerca volta alla scoperta di una realtà non materiale, analizzandone la struttura attraverso le lenti della metafisica. Così facendo si adempirà il vero compito dell'essere umano su questo piano esistenziale: il conoscere e conoscersi.

Il messaggio sembra quindi suggerire di diffidare e discostarsi dalle opinioni imposte dalla società, spesso sature della presunzione di conoscere la formula vincente del saper vivere, per preferire il mettersi in gioco e conoscere sé stessi.

Questa inviolabile virtù è il punto di partenza per una più profonda comprensione di ciò che si è e di ciò che ci circonda.

Per far sì che ciò accada, è necessario che avvenga un capovolgimento di vedute: dalla sudditanza imposta dalla società, ad una non poco impegnativa, e talvolta dolorosa, analisi introspettiva.

La morte diventa quindi un elemento di ordine e riflessione, in quanto è proprio grazie alla riflessione sul continuo ciclo di nascite e morti, che l'uomo può prendere coscienza della limitatezza del proprio

Essere sul piano terreno, e l'importanza del conoscere sé stessi al fine di adempire il proprio fine ultimo in questa dimensione di esistenza fisica.

Rendere la morte un tabù significa privarla del suo valore intrinseco di stimolo alla ricerca spirituale e di una vita ultraterrena.

Malgrado ciò, la precarietà dell'essere umano rimane persistentemente avvolta in un clima di paura, in quanto non dimostrabile né prevedibile.

Tutto ciò che è ignoto, difatti, nella dinamiche

conoscitive umane è spesso associato ad un sentire di minaccia alla propria esistenza.

Nella società occidentale, difatti, dominata dalla scienza e dalla tecnica, il concetto di ignoto risulta essere paradossale e inammissibile, in quanto sfugge alla possibilità di qualsiasi analisi o dimostrazione.

Non potendo applicare sulla morte il metodo sperimentale di cui la società postmoderna fa ricorso, il discuterne è quasi diventato proibito.

Di conseguenza, la scienza rivela la propria impotenza di fronte all'argomento, determinando il capovolgimento del potere della disciplina scientifica, che viene indietreggia nel formulare teorie sul fine e sul seguito della morte.

Ecco che per cercare risposte a quel dilemma che tormenta l'essere umano ci si affida alla filosofia, alla religione e alla spiritualità che ristabiliscono l'ordine nella mente inquieta.

La cultura e la religione, in particolar modo, hanno elaborato interessanti significati legati alla morte. Basti pensare, per esempio, alla nozione filosofico-spirituale della reincarnazione, ovvero della trasmigrazione dell'anima di un individuo in un altro corpo fisico dopo la morte; oppure al concetto religioso dell'Aldilà, in cui la morte apre ad una dimensione d'esistenza in cui il proprio flusso di coscienza (o anima) continua a vivere in una dimensione ultraterrena.

Il tipo di educazione ricevuta, le esperienze di vita, il temperamento e la personalità sono altri aspetti che influenzano in maniera sostanziale il significato che si attribuisce alla morte.

Un evento dalla tragica fine, ad esempio, può avere ripercussioni spesso permanenti a livello inconscio in chi ne assiste la drammaticità, associando di conseguenza alla precarietà emozioni di inquietudine, ansia e paura.

Nonostante la nostra formazione culturale ci spinga ad evitare ogni fonte di dolore e tutto ciò che è sconosciuto, è altrettanto vero che è proprio affrontando le domande sull'origine della sofferenza e dell'ignoto che si può gradualmente decifrare il significato di quest'esistenza.

Benché il comprendere la caducità dell'esistenza umana, non freni l'ansia del tempo che scorre e, al contrario, ci inducesse a vivere tutto d'un fiato, la risposta più adatta a quell'impulso dovrebbe essere il rallentare per assaporare ogni attimo dell'essere in vita.

Fermarsi per apprezzare fino in fondo la gioia nascosta nel vivere, non da semplici spettatori ma da protagonisti.

Rallentare per lasciare che il flusso dei pensieri scorra libero mentre le emozioni risuonano in noi.

Fermarsi per valutare la realtà da ogni sua angolazione e fare scelte ponderate, in armonia col proprio essere.

Rallentare per amare in maniera amplificata le persone alle quali si tiene, facendo tesoro di ogni attimo trascorso insieme.

Fermarsi per riflettere sul proprio percorso di vita, accertandosi che sia in linea coi propri valori e ideali, e assicurandosi che non sia la somma di aspettative indotte dalla società.

Rallentare per apprezzare la natura nella sua esplosione di colori e imprimerla sulla tela della memoria.

Fermarsi per rendersi conto di esistere in un piano d'esistenza che non è confinato a orizzonti terreni, ma che si sviluppa in infinite variabili lungo il sentiero di una vita eterna.

09

LA
SOFFERENZA

09

Gocce cadono lievi dal cielo
Confondendosi tra le guance ed il mento,

Una fredda brezza scosta il pensiero
Ramificatosi tra la mente ed il petto.

Quella del dolore è un'esperienza universale e totalizzante. Esso può essere unicamente di natura fisica, agendo da campanello d'allarme in caso di patologie e suggerendo di difendersi dalle minacce che alterano il proprio benessere fisico; oppure di origine psichica, andando ad alterare l'equilibrio emotivo. Quest'ultimo particolare tipo di dolore nel linguaggio della filosofia prende il nome di "sofferenza".

Sebbene i termini "dolore" e "sofferenza" siano intercambiabili, il primo si riferisce quasi esclusivamente alla dimensione fisica, mentre il secondo unicamente a quella mentale, superando il piano fisico e accedendo quello metafisico.

La differenza tra i due vocaboli non è solamente lessicale bensì anche sintattica. Difatti, quando si parla di dolore si fa ausilio dei verbi "avere" e "fare", rimarcando la natura fisica del dolore, il quale viene chiaramente identificato e fatto materia.

Per esempio:

«Ho dolore alla schiena».
«Mi fa male la testa».

.

Al contrario, quando si fa riferimento alla sofferenza psichica i verbi maggiormente usati sono: "sentire" e "essere", identificando la sofferenza come una tipologia di dolore legata all'Essere.

Alcuni esempi possono essere:

«Mi sento giù di morale».
«Sono soprappensiero».

Sebbene la sofferenza psichica nei casi più gravi possa trovare sfogo anche in sintomatologie fisiche (attraverso la cosiddetta "somatizzazione dello stato mentale"), essa è per sua natura un'esperienza tipicamente umana di interiorizzazione del dolore in seguito a forti stimoli esterni che hanno alterato l'equilibrio emotivo.

Anche gli animali sono in grado, fino ad un certo livello, di interiorizzare il dolore, memorizzandolo e mettendo in atto dei comportamenti evitanti al fine di proteggersi dai pericoli esterni; nonostante ciò, essi non possiedono le abilità cognitive per individuare ed elaborare il trauma.

Ad esempio, un cane da caccia che è stato traumatizzato da una sparatoria, in situazioni in cui vi è forte baccano cercherà rifugio in luoghi nascosti e remoti, lontano da esseri umani. Esso non potrà, tuttavia, comprendere le proprie emozioni, analizzarle, e correggere i propri comportamenti.

La reazione a uno stimolo esterno e il conseguente cambiamento comportamentale sono alcuni dei principi di base per l'addestramento degli animali, i quali, grazie all'esercizio costante, espandono le proprie capacità fisiche e cognitive, memorizzano una serie di azioni in cambio di golose ricompense.

Nonostante ciò riscontri molto spesso risultati eccellenti, l'addestramento di un animale che ha subito un trauma si dimostra essere molto più impegnativo e, talvolta, meno efficace.

Analizzando le cause all'origine della sofferenza, si sarà in grado di identificare le parti dell'Io che sono state ferite e si avrà la possibilità di conoscere sé stessi in maggior profondità.

Quando penso alla sofferenza ciò che la mia mente associa a quel termine è la perdita di una persona cara.

L'amore, un sentimento che nasce nell'Essere e che apre il proprio Io all'empatia e alla sensibilità, è la massima espressione della vita. Nell'atto di dare affetto e in quello di riceverlo si lasciano cadere le barriere che invisibilmente separavano dall'altro individuo, esponendo tuttavia il proprio animo alla vulnerabilità.

Sebbene la connessione fra amore e sofferenza sia

materia di analisi preferita di filosofi e inguaribili romantici scrittori, un po' come me, la maggior parte delle persone, al contrario, tende ad associare al sentimento emozioni di felicità ed entusiasmo.

L'accomunare l'amore alla sofferenza può stupire e lasciare perplessi, in quanto secondo la credenza comune, esso si oppone allo stato di afflizione.

Nonostante ciò, il "soffrire per amore" è un concetto universalmente concepito. Esso origina per lo più nelle situazioni in cui l'affetto non trova corrispondenza, o svanisce col tempo.

La sofferenza affettiva può avere radici nell'infanzia e/o nell'adolescenza, prevalentemente in seguito a un disfunzionale legame genitori-figlio. È difatti proprio in questo periodo dell'esistenza che nell'individuo si forma il concetto di affettività.

Alcune delle componenti alla base della capacità di amare sono la fiducia in sé stessi, l'altrimenti detto "amor proprio", e il sentirsi integrati in un determinato contesto sociale. Più si prova amor proprio, più serenamente si naviga nel mare dell'esistenza, muovendosi con agilità tra vittorie e sconfitte morali, corrispondenze o fallimenti sentimentali.

Se non risolte in giovinezza o in prima età adulta, le ferite emotive e l'anaffettività possono bloccare in schemi comportamentali di pensiero che, a lungo andare, si rivelano essere l'anticamera dell'autosabotaggio.

Inconsapevolmente e con creatività, siamo noi stessi, talvolta, che sfumiamo i bordi della nostra felicità incupendola con le tonalità della malinconia e della solitudine.

Se, per esempio, fossimo partecipi di frequenti conflitti verbali con il proprio partner e sentissimo il campanello d'allarme di possibili sofferenze emotive e sentimenti di delusione, l'inconscio, al fine di proteggere l'Ego, metterà in atto inconsci meccanismi di difesa tra i quali l'evitare le discussioni nel momento cruciale, o abbandonarsi ai pareri e decisioni altrui.

Il senso rifiuto e le incomprensioni fanno riemergere alla luce sepolte sofferenze interiori, alterando l'individuale equilibrio interiore.

Sebbene da un lato evitare situazioni nocive per salvaguardare il proprio benessere sia una forma di protezione dal soffrire, dall'altro, invece, impedisce di imparare che l'instabilità, la precarietà e il conflitto sono parti integranti dell'esperienza umana e, nonostante richiedano un generoso dispendio emotivo, esse contribuiscono attivamente alla propria crescita interiore.

Acquisendo i giusti strumenti per gestire le situazioni negative, si istruisce il proprio Essere ad agire in antitesi alla paura dell'ignoto, rendendo possibile la comunicazione verbale dei propri stati d'animo, ed instaurando così una relazione più spontanea e autentica, indipendentemente dai risvolti del confronto.

Ciò si complica nel caso di individui dalla spiccata empatia, il cui sentire in parte è condizionato da quello dell'altra persona; gioie e sofferenze vengono vissute in comunione, in uno stato di simbiosi emotiva.

L'empatia può rivelarsi utile nel capire i moti interiori delle persone alle quali si tiene, tuttavia, è necessario imparare a dosarla affinché non si venga sopraffatti dal sentire altrui e non si diventi emotivamente dipendenti.

Il pensare e agire con empatia e compassione non solo ingentilisce il nostro animo, ma è anche medicina per l'individuo destinatario delle dimostrazioni di affetto e comprensione. Tali gesti elevano la persona che ama a uno stato di autentica serenità e felicità nell'aver trasformato il proprio amore in cura per chi era piegato dalla sofferenza.

Quest'ultima è indubbiamente un sentimento affliggente e complesso ma, volendone trovare un positivo nascosto, è la più importante fase in cui si tempra il proprio spirito all'esperienza umana, così articolata e misteriosa, fragile e imprevedibile.

Come è però possibile elaborare la sofferenza?

Il primo passo consiste nell'*accettare* la sofferenza come una conseguenza naturale di alcune esperienze di vita. Presa coscienza di questa nozione, aiutiamo la nostra mente a sviluppare meccanismi di reazione agli stimoli esterni e ai moti interiori, formando o ampliando nuovi aspetti della nostra personalità.

In seguito all'accettazione, il ***non opporre resistenza*** al cambiamento riveste un ruolo altrettanto essenziale, sia questo di natura interpersonale (ad esempio: la fine di una profonda amicizia, o la perdita di una persona cara), oppure puramente personale. L'evoluzione del proprio sentire e il cambiamento di ciò che ci circonda non devono essere visti come barriere bensì come opportunità di crescita.

Compresa la causa della sofferenza e abbandonata la resistenza al cambiamento, *esprimere il proprio sentire* è fondamentale affinché ci si liberi dalle zavorre emotive e trovare nuova vitalità nelle relazioni interpersonali.

Nel caso in cui parlare delle proprie emozioni risulti di difficile realizzazione, al fine di non rimanere bloccati in dubbi e schemi di pensiero nocivi per la propria persona, la psicoterapia si dimostra un ottimo alleato nel ridurre al minimo la sofferenza ed estirparne le radici dal proprio Essere.

Essa, difatti, offre gli strumenti per determinare i pensieri o le circostanze alla base del soffrire e che innescano inconsci meccanismi di difesa, così come aiuta ad acquisire una maggiore consapevolezza di sé.

Sebbene la terapia psicologica non possa eliminare il passato, essa invece si dimostra essere utile nell'istruire la mente a "riformulare" i ricordi sovrascrivendo ad una memoria legata ad un episodio negativo, uno positivo, diminuendo così l'impatto che la reminiscenza del trauma ha sull'individuo.

Seguire con costanza un percorso di psicoterapia, difatti, si dimostra efficace nell'individuare e categorizzare la/e causa/e scatenante/i della sofferenza, rendendo così possibile depotenziarla e prevenire che essa alteri nuovamente il proprio equilibrio interiore.

Per far sì che il percorso di analisi si dimostri efficace, sono indispensabili non solo la volontà di risalire alle fonti della sofferenza e la fiducia nel terapeuta ma anche la disponibilità a mettere in discussione parti di sé.

Il risultato di questa relazione terapeutica avrà effetti positivi sulla capacità del paziente di avere una migliore gestione dei ricordi traumatici; avrà un positivo impatto sulla predisposizione all'apertura al dialogo; così come si acquisiranno utili strumenti per dare una consona risposta emotiva a fatti avvenuti nel passato.

Sebbene non siano da escludersi ricadute, acquisita maggiore consapevolezza di sé stessi, attraversare la sofferenza diventa un percorso d'introspezione in cui le energie precedentemente spese in tentativi di repressione di sentimenti negativi o evasione da situazioni scomode, diventano ora forze motrici dell'espansione del proprio Io.

Potremmo allora concludere che la sofferenza, sebbene sia una condizione non auspicabile, nasconde in sé insegnamenti sul senso della vita e sull'importanza dell'instaurare legami autentici, mantenendo un atteggiamento comprensivo e compassionevole verso il prossimo.

*L*e parole talvolta colpiscono come un proiettile in tempia, così come alcune rivelazioni tolgono la capacità di pensiero e azione. Questo particolare tipo di dolore sfinisce e fa chiudere gli occhi sul mondo, anestetizzando il corpo.

Quando soffro, annullo ogni emozione, mi proteggo nel "non sentire" per non provare delusione, per non pensare, per evadere da me stessa e dal tutto.

In quello stato di evasione mi ritrovo sola, mentre l'animo atrofizzato subisce l'ingannevole quiete della negazione della sofferenza.

Quest'ultima è anestesia del sentimento, mancanza di sonno, fame, e pensiero positivo. Come una corazza impenetrabile o un velo nero impresso sulla pupilla, la sofferenza chiude in sé stessi, rendendo estremamente complesso per una qualsiasi persona estranea a quel sentimento riuscire anche solo ad approcciarsi all'individuo sofferente.

Guardo al mio trascorso dominato dalla paura dalla prospettiva della riconoscenza, in quando la sofferenza mi ha istruita alla perseveranza, rendendomi una persona oculata, umile, tenace.

La fragilità è la qualità umana maggiormente mi affascina per via dell'infinitesimo potenziale che cela in sé nel processo di risveglio spirituale. Al fine che ciò avvenga, tuttavia, è necessario che si lavori sui tre livelli di introspezione:

1. Riconoscere i propri squilibri interiori;

2. Entrare in connessione con il chakra del cuore (porta verso il reale 'Io'/Sé);

3. Allentare la presa da tutto ciò che mantiene a una bassa vibrazione, costringendo in uno stato di sofferenza psichica e spirituale.

Focalizzandosi sull'apertura del chakra del cuore ed accogliendo il fluire delle sue intuizioni, il campo vibrazionale, energetico, mentale e fisico saranno allineati e permetteranno di accedere a più elevati stati di coscienza, al di là dell'incertezza nell'agire che caratterizza l'essere umano.

La meditazione, l'introspezione, la scrittura e il sogno, non sono altro che alcuni dei modi per decifrare il nostro Io interiore.

Immagina che la tua mente sia il set di un film e tu il regista che ha il potere di selezionare le immagini da includere nell'opera finale.

Scegli i pensieri che ti ispirano di più, e se la tua mente viene disturbata dalla negatività, canalizza le tue energie mentali nella resilienza.

Tutto ciò su cui ti concentri cresce in potenza.

Le immagini che proietti costantemente nella tua mente plasmano il tuo Essere e danno colore alla realtà immediata.

Il sentimento d'incertezza che si prova nella fase acuta della sofferenza spirituale è un naturale inconscio meccanismo di difesa posto a protezione da eventuali fallimenti e fonti di demoralizzazione.

In particolar modo quando si tratta di progetti di vita, può capitare di provare una temporanea sensazione di disagio nella fase di pianificazione, nonostante ciò si dovrebbe acquisire la sana abitudine di ricordare a sé stessi che il disagio non è altro che un'emozione fugace, una barriera che ostacola il completo sviluppo delle proprie capacità.

Sebbene non conoscere i risvolti di un determinato piano faccia emergere stati d'animo pregni d'ansia e timore, il rischio è una delle più importanti componenti del pianificare.

L'ignoto e l'incertezza, infatti, non sono nemici del progresso, anzi, sono parte integrante del processo di apprendimento e sviluppo personale. Disciplina ed equilibrio si intrecciano in una relazione armoniosa.

Abbracciata questa consapevolezza si comprende che l'equilibrio tra pensiero e azione è la chiave di volta per maggiori felicità, pace e libertà.

Superate le barriere della mente che costringevano nella morsa della malinconia e della depressione, in uno stato di eterna stasi, ci si rende conto che è il rischiare ciò che rende vivi.

Nonostante nella dualità dell'essere non esista gioia senza dolore, ogni atto di coraggio è una conquista alla vita. Nel momento in cui si comprende la natura infinita del nostro Essere e la non separazione tra passato, presente e futuro, il fluire dell'esistenza viene percepito armonioso istante dopo istante. Non esiste null'altro che l'attimo presente, il quale va vissuto in apertura spirituale.

Cercando la pace in sé stessi si otterrà quella gioia alla quale tanto si anela, mentre le persone che ci amano mostreranno la strada che conduce al proprio reale Io. Sia chiaro, tuttavia, che non è possibile trovare fuori di sé stessi, ciò che non è già esistente in potenza dentro di sé.

Il coraggio, ingiustamente ritenuto inesistente quando si soffre, è solamente sepolto sotto un mucchio di falsi concetti che inibiscono e creano paure.

Paura di cosa?

Combatti per il tuo vero Io, così forte e così fragile. Impara a scoprirlo.

Combatti per i tuoi ideali, fanne pilastri che ancorano alla realtà.

Spezza le catene che ti tengono inchiodato a malinconie e pianti. Esplora ciò che ti circonda per conoscere e conoscerti.

Regala ai tuoi occhi nuovi riflessi e riscopri nell'ordinario lo straordinario.

Rilascia un lungo sospiro, senti il calore arrossire le guance e pensa: "che bello ritornare in vita".

INFORMAZIONI SULL'AUTORE

Sabrina Mori nasce a Desenzano, una cittadina turistica sul Lago di Garda.

Figlia di un eclettico pittore ed una dedita insegnante, ha conseguito studi dall'impronta psicologico-artistica.

Nell'arco della sua vita tratto ispirazione per la propria produzione letteraria delle sfumature filosofiche, psicologiche, artistiche e poetiche dell'esistenza.

Ha preso parte in concorsi letterari, poetici e fotografici.

Risiede a Cambridge, dove lavora per una nota Azienda nel dominio informatico.

Printed in Great Britain
by Amazon